Sabine Quandt

SoKo Struppi – Die Lesepolizei ermittelt

Ein spannendes Leseszenario zur Leseförderung

9783403200031

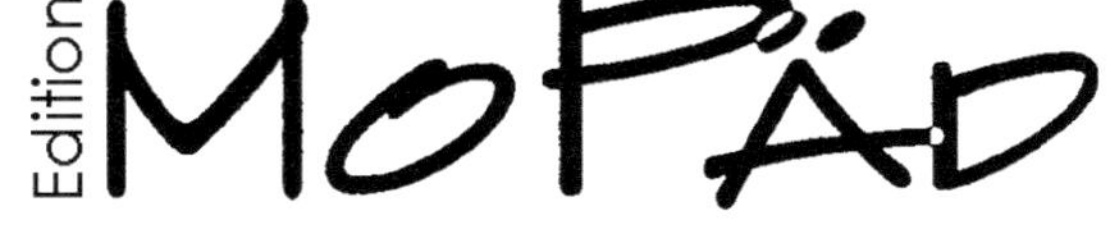

Die Autorin:

Sabine Quandt studierte an der Universität Paderborn die Fächer Deutsch, Mathematik und Evangelische Religion. Sie unterrichtet an einer Offenen Ganztagsgrundschule in Bavenhausen.

Gedruckt auf umweltbewusst gefertigtem, chlorfrei gebleichtem und alterungsbeständigem Papier.

2. Auflage 2019
© 2012 PERSEN Verlag, Hamburg
AAP Lehrerfachverlage GmbH
Alle Rechte vorbehalten.

Das Werk als Ganzes sowie in seinen Teilen unterliegt dem deutschen Urheberrecht. Der Erwerber des Werkes ist berechtigt, das Werk als Ganzes oder in seinen Teilen für den eigenen Gebrauch und den Einsatz im Unterricht zu nutzen. Die Nutzung ist nur für den genannten Zweck gestattet, nicht jedoch für einen weiteren kommerziellen Gebrauch, für die Weiterleitung an Dritte oder für die Veröffentlichung im Internet oder in Intranets. Eine über den genannten Zweck hinausgehende Nutzung bedarf in jedem Fall der vorherigen schriftlichen Zustimmung des Verlages.

Sind Internetadressen in diesem Werk angegeben, wurden diese vom Verlag sorgfältig geprüft. Da wir auf die externen Seiten weder inhaltliche noch gestalterische Einflussmöglichkeiten haben, können wir nicht garantieren, dass die Inhalte zu einem späteren Zeitpunkt noch dieselben sind wie zum Zeitpunkt der Drucklegung. Der PERSEN Verlag übernimmt deshalb keine Gewähr für die Aktualität und den Inhalt dieser Internetseiten oder solcher, die mit ihnen verlinkt sind, und schließt jegliche Haftung aus.

Illustrationen: Julia Flasche
Satz: Satzpunkt Ursula Ewert GmbH

ISBN: 978-3-403-20003-1

www.persen.de

Inhaltsverzeichnis

Vorwort

Oma Anneliese dreht wie jeden Tag eine Runde mit ihrem Hund Struppi. Plötzlich ist Struppi verschwunden, wie vom Erdboden verschluckt.
Oma Anneliese findet einen Erpresserbrief, Struppi wurde gestohlen. Außer sich vor Aufregung geht Oma Anneliese mit dem Brief zur Polizei …

Polizeidirektor Postmann übergibt den Fall an die Spezialeinheit Struppi. Deren Aufgabe ist es nun, den Fall so schnell wie möglich lückenlos aufzuklären.
Die Kommissare der Spezialeinheit sichern Beweismittel, werten Zeugenaussagen aus und erstellen Steckbriefe der Tatverdächtigen, bis sie alle Informationen zusammenhaben, um den Täter zu überführen.

… ein spannender Kriminalfall, in dem die Kinder als Polizeikommissare dem Täter gemeinsam auf der Spur sind und dabei ihr Textverständnis trainieren.

Das Material fordert die Kinder im Sinne der **Förderung des sinnentnehmenden Lesens** auf, gezielt Informationen in den Texten zu finden und diese wiederzugeben.
Dabei gilt es, verschiedene Strategien zur Orientierung in einem Text anzuwenden, insbesondere das **detaillierte und selektive Lesen**.

In diesem Zusammenhang werden verschiedene Kompetenzen geschult, die für den Ausbau des Textverständnisses von besonderer Bedeutung sind, wie z. B.:

- bildliche Vorstellungen zu Gelesenem entwickeln,
- Informationen in eigenen Worten wiedergeben,
- separat stehende Informationen verknüpfen,
- Schlussfolgerungen ziehen und begründen,
- eigene Gedanken zu Textinhalten formulieren.

Neben der Aufklärung der Straftat gilt es in einer polizeilichen Ausbildung, die erforderlichen Ermittlungstaktiken zu erlernen. Dies ist bedeutend, um Steckbriefe der Tatverdächtigen erstellen und Zeugenaussagen wichtige Hinweise auf den Täter entnehmen zu können.
Dabei werden die Arbeitstechniken **Einen Text markieren**, **Einen Steckbrief anfertigen** und **Einen Notizzettel schreiben** mit den Kindern trainiert.

Am Ende der Ermittlungen steht nicht nur die Aufklärung des Kriminalfalls, sondern auch die Polizeiliche Abschlussprüfung und die Übergabe der Polizeimarken, die dem Abschluss der Rahmenhandlung dienen.

Die Arbeit mit dem Material ist darauf angelegt, dass die Kinder den Fall gemeinsam erarbeiten und lösen, so wie es in einem richtigen Polizeiteam auch ist.
Die Informationen über die Tatverdächtigen werden von verschiedenen Kommissaren bzw. Kindern erarbeitet. Auf diese Weise erfahren die Kinder, wie wichtig die Arbeit jedes Einzelnen ist und dass es darauf ankommt, genau zu arbeiten.
Ebenso im Fokus steht der gemeinsame Austausch. Immer wieder finden Besprechungen unter den Kommissaren statt, um den Stand der Ermittlungen zu erfahren und Vermutungen über den Täter anzustellen, um ihn letztlich aus der Liste der Tatverdächtigen herauszufinden.
Dieses Gruppengefühl motiviert die Kinder und macht das intelligente Üben zu einem spannenden Erlebnis.

Die Materialien bieten durch ihren Aufbau eine natürliche Differenzierung. Zudem können die Lösungen als Arbeitshilfen und zur Selbstkontrolle genutzt werden.

Zur grundlegenden Vorbereitung der Unterrichtseinheit sollten die Kinder bereits das Erstellen eines Steckbriefes in Stichpunkten unter bestimmten Überschriften kennengelernt haben.
Gerade für Kinder mit besonderem Förderbedarf ist es wichtig, an vorhandenes Wissen anknüpfen zu können, um ihre volle Konzentration auf das Textverständnis zu richten.

Neben den Kopiervorlagen finden Sie als Lehrkraft didaktische Hinweise zum Aufbau der Unterrichtseinheit und zur Gestaltung der Lernumgebung.
Authentisch und **ganzheitlich** sind dabei zwei entscheidende Schlagworte für den Spaß an der Ermittlungsarbeit. Hier lohnt es sich, einen Blick in die richtige Polizeiarbeit zu werfen. Fächerübergreifend kann im Bereich Sachunterricht das Thema „Polizei“ vertieft werden. Ein Besuch auf der Polizeiwache ist dabei ein besonderes Erlebnis für die Kinder und rundet die Ermittlungen zum Fall „Struppi“ ab.

© Persen Verlag

Für den Aufbau der Motivation und Gruppendynamik im Umgang mit den Materialien ist es wichtig, eine Lernumgebung zu schaffen, die die Kinder ganz in die Situation hineinnimmt und gleichzeitig Struktur bietet.

Vermisstenanzeige
Der Kriminalfall beginnt mit dem Verschwinden des Hundes Struppi, über das seine Besitzerin Oma Anneliese sehr bestürzt ist.
Die Vermisstenanzeige des Hundes finden Sie als Kopiervorlage in den Materialien (M 1). Mehrmals kopiert und in der ganzen Klasse verteilt, macht sie die Kinder neugierig auf den Kriminalfall.

Dienstgrade und Ansprache
Polizeidirektor Postmann übergibt den Fall an die Spezialeinheit, hier beginnt die polizeiliche Arbeit. In einem Polizeikommissariat gibt es verschiedene Dienstgrade, wie z. B. den Polizeipräsidenten, den Polizeioberkommissar und die Polizeikommissare. Jedes Kind bekommt für die Dauer der Ermittlungen einen polizeilichen Dienstgrad zugewiesen. Der Polizeipräsident und der Polizeioberkommissar werden jeweils nur von einem Kind besetzt und können von Ihnen bestimmt oder unter den Kindern ausgelost werden. Beide Positionen können im Rahmen der Ermittlungen besondere Aufgaben übernehmen, wie z. B. bei polizeilichen Besprechungen darauf zu achten, dass sich alle an die Gesprächsregeln halten, oder auch die Vermutungen zum Täter am Ende jeder Stunde abzufragen. Die verschiedenen Dienstgrade werden an der Polizeiwand visualisiert. Dafür bringt jedes Kind bereits vor dem Start der Unterrichtseinheit ein Passfoto von sich mit, natürlich ohne zu wissen, wofür dieses benötigt wird. Unter jedem Foto steht der Name.
Eine besondere Atmosphäre kann dadurch geschaffen werden, dass die Kinder während der gesamten Ermittlungen von Ihnen als auch untereinander gesiezt werden. Dies ist in den didaktischen Hinweisen berücksichtigt.

Polizeiwand
Der Stand der Ermittlungen ist für die Kommissare von großer Bedeutung. Um diesen genau im Blick zu haben, gibt es die Polizeiwand, an der im Laufe der Ermittlungen alle Hinweise zum Fall ausgehängt werden, wie z. B.:

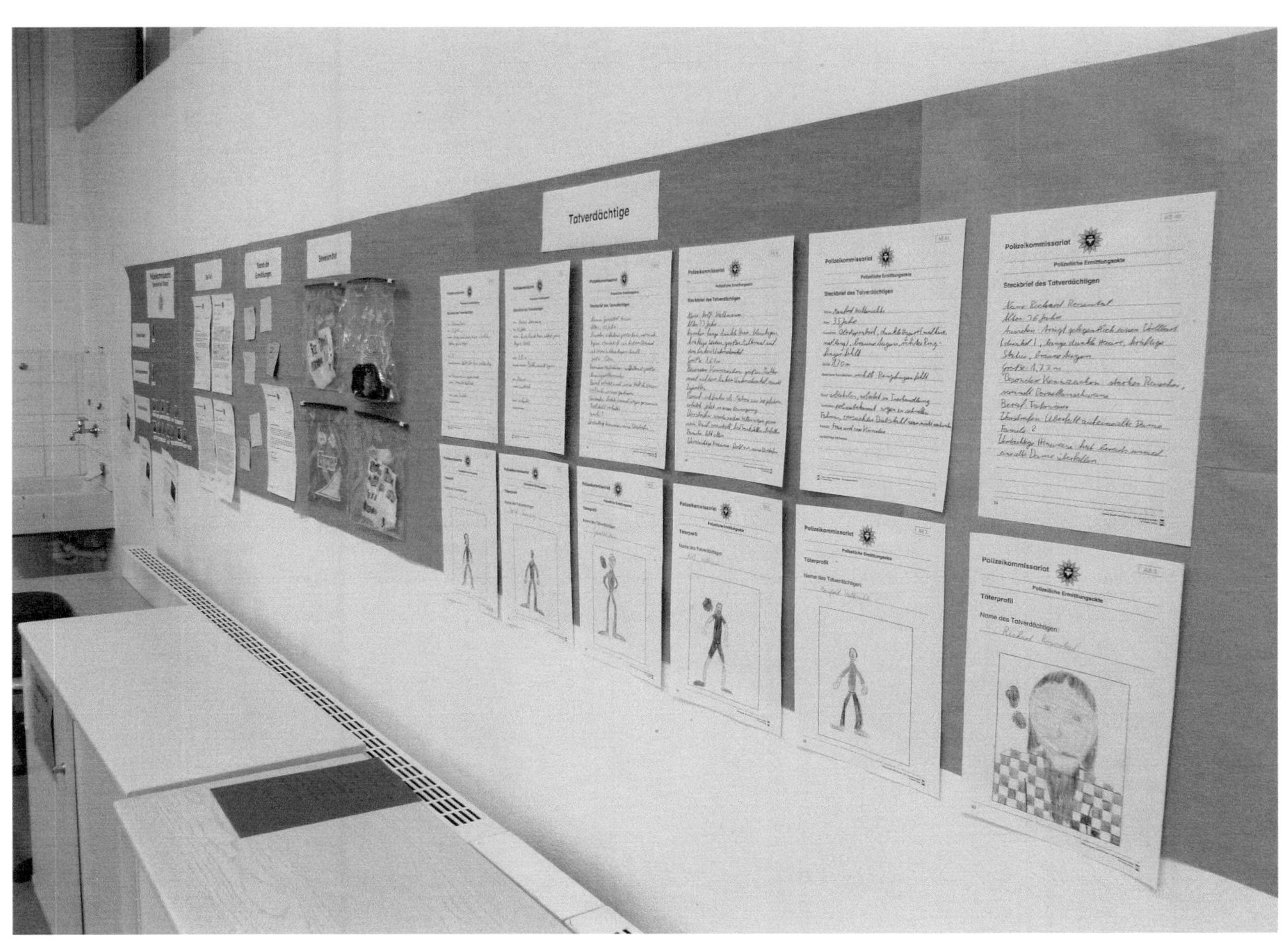

© Persen Verlag

- Der Fall: Briefe des Polizeidirektors, Zeugenaussagen
- Stand der Ermittlungen: Zettel, auf die die Kinder begründete Vermutungen zum Täter schreiben
- Beweismittel: Erpresserbriefe, Zigarettenstummel usw.
- Tatverdächtige: Täterprofile (Bilder) und Steckbriefe der Tatverdächtigen

So können sich die Kommissare zu jedem Zeitpunkt über den Stand der Ermittlungen informieren und mit ihren Kollegen über mögliche Verdächtige austauschen.
Für die Polizeiwand ist es möglich, sowohl Packpapier als auch Pappen zu verwenden.
Die benötigten Überschriften finden Sie als Kopiervorlage in den Materialien (M 14). Sie sollten zur besseren Lesbarkeit vergrößert kopiert werden.

Beweismittel und Briefe des Polizeipräsidenten
Polizeidirektor Postmann leitet gesicherte Beweismittel vom Tatort selbstverständlich sofort an die Kommisare weiter. Beweismittel wie ein Hundehalsband, ein Zigarettenstummel oder auch ein Erpresserbrief sind immer in einer luftdichten Tüte aufzubewahren (am besten wiederverschließbar) und nur mit Gummihandschuhen anzufassen, da sonst mögliche Fingerabdrücke und Spuren des Täters verwischt werden könnten. Hier können Sie ganz einfach Einmalhandschuhe nutzen.
Die Beweismittel werden vom Polizeipräsidenten stets gemeinsam mit den neusten Zeugenaussagen in einem großen Briefumschlag an die Spezialeinheit verschickt. Hierfür finden Sie als Kopiervorlage in den Materialien die Adressaufkleber (M 17).
Folgende Beweismittel werden benötigt:
- Hundehalsband
- Zigarettenstummel
- Erpresserbrief 1
- Erpresserbrief 2

Polizeiliche Ermittlungsakte
Für die Ermittlungen bietet es sich an, eine eigene Mappe anzulegen, die sogenannte Polizeiliche Ermittlungsakte. In dieser werden alle Unterlagen und Notizen zum Fall abgeheftet. Das erleichtert

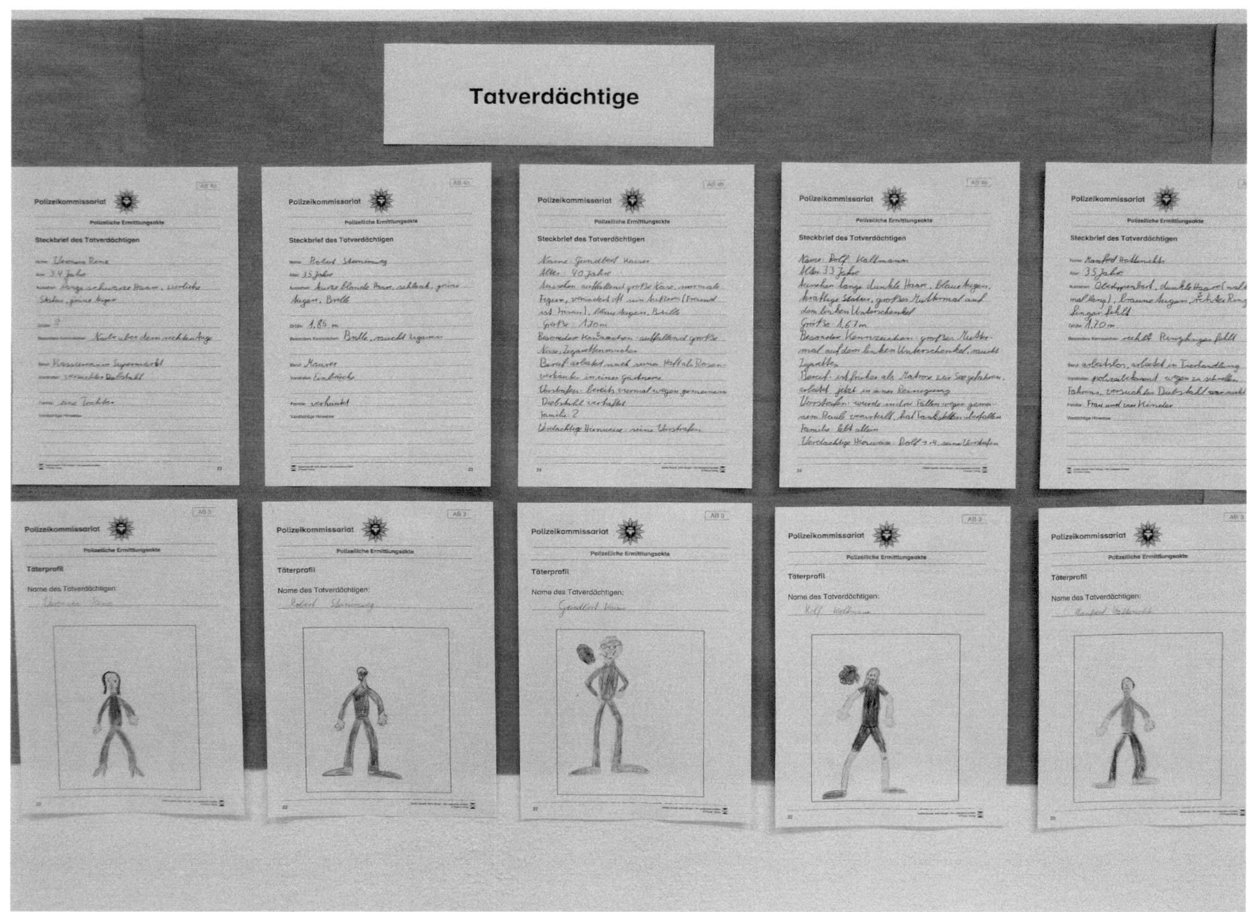

im Arbeitsprozess die Übersicht und Orientierung für Sie und die Kinder und steigert die Motivation. Später kann die Mappe als Teil des Portfolios dienen und auf diese Weise die Lernentwicklung der Kinder dokumentieren.
Die Mappen sollten zur Einführungsstunde bereits vorbereitet sein. Es empfiehlt sich Pappmappen zu wählen, die ganz einfach mit dem in den Kopiervorlagen vorhandenen Etikett (M 16) versehen werden können.

Polizeiliches Ausbildungstagebuch
Das Polizeiliche Ausbildungstagebuch (AB 12) dient den Kindern zur Reflexion der eigenen Arbeit und informiert Sie als Lehrkraft über den Lernweg. Den eigenen Lernzuwachs auf den Punkt zu bringen, ist für viele Kinder eine enorme Herausforderung.
Gleichzeitig macht die Reflexion der eigenen Arbeit aber auch das Lernen sichtbar und schafft damit neue Motivation für den Lernweg bzw. die Ermittlungen.

Eine Möglichkeit das Polizeiliche Ausbildungstagebuch zu nutzen, ist es, die Kinder am Ende jeder Unterrichtsstunde oder als Hausaufgabe folgenden Satz vervollständigen zu lassen: „Ich habe heute gelernt …“.
Zu Anfang der Unterrichtseinheit empfiehlt es sich, den Satz von den Kindern zunächst mündlich formulieren zu lassen. Dazu kann das Material 18 vergrößert und an die Tafel gehängt werden. Anschließend sollte jedes Kind für sich den Satz weiterführen und auf das Arbeitsblatt schreiben.
Auf diese Weise erhalten alle Kinder Anregungen und Orientierung. Im weiteren Verlauf kann selbstständig mit dem Ausbildungstagebuch weitergearbeitet werden.

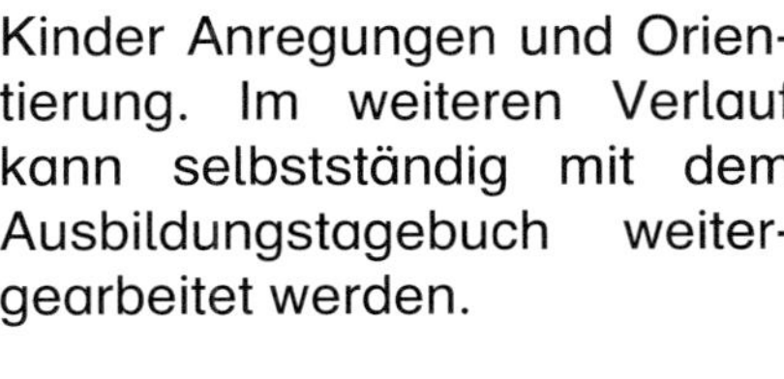

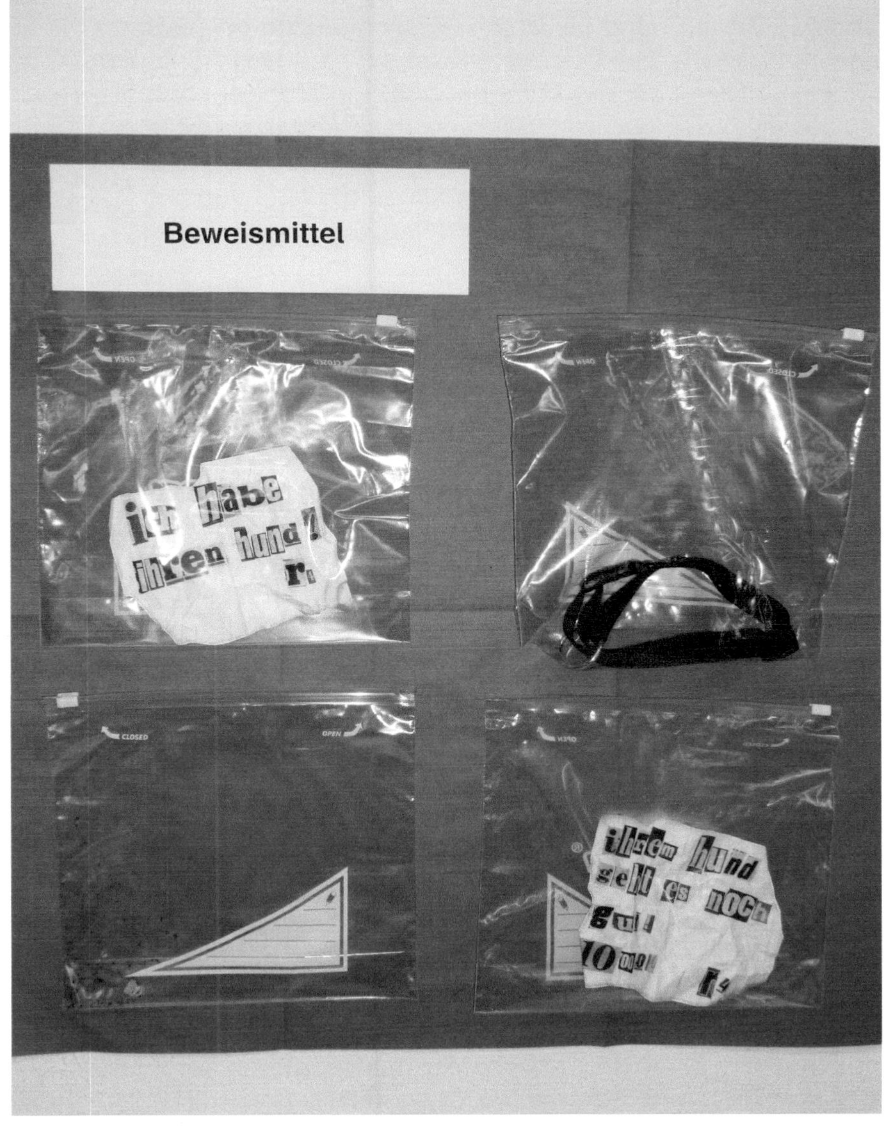

Polizeiliche Abschlussprüfung
Am Ende der Ermittlungen steht die Polizeiliche Abschlussprüfung (AB 11). Hierbei handelt es sich nicht um eine Lernzielkontrolle.
Vielmehr geht es im Rahmen der Aufklärung des Falls um den Abschluss der Rahmenhandlung, der Ausbildung zum Polizeikommissar.

Polizeimarken
Zum Abschluss der Ermittlungen und damit der Ausbildung zum Polizeikommissar erhält jedes Kind für seine tatkräftige Mitarbeit bei der Aufklärung des Kriminalfalls eine Polizeimarke.
Zu diesem Zweck können Sie die Kopiervorlage (M 12) auf gelbes Papier kopieren, laminieren und ausschneiden.

Wichtig für die Aufklärung des Falls und damit für den Ausbau des Textverständnisses ist ein strukturiertes Arbeiten. Dies gilt für die Planung auf Seiten der Lehrkraft und deren Visualisierung für die Kinder.

Didaktische Hinweise
Die Erarbeitung des Kriminalfalls ist in fünf Unterrichtssequenzen eingeteilt, angelehnt an die Ermittlungsschritte des Falls. Die Sequenzen erstrecken sich über rund zehn Unterrichtsstunden, sodass der Kriminalfall in gut zwei Wochen aufgeklärt werden kann.
Die Stundenskizzen sollen Ihnen als Orientierung zum Einsatz der Materialien dienen. Wichtig ist dabei natürlich, die eigene Lerngruppe immer im Blick zu haben. Dies gilt auch für die zeitliche Planung der Stunden.
In Bezug auf die Arbeitsphasen entscheiden Sie je nach Zusammensetzung und Leistungsstand Ihrer Lerngruppe, ob die Kinder in Einzel-, Partner- oder Gruppenarbeit die jeweiligen Aufgaben lösen.
Besondere Bedeutung während der Ermittlungen hat die Zusammenarbeit und der Austausch der Kinder. Der Fall kann nur aufgeklärt werden, wenn alle zusammenarbeiten. Hier geht es nicht nur um ein inhaltliches Lernen, sondern vor allem auch um die Stärkung der Gruppendynamik.
Aus diesem Grund ist es wichtig, dass die Kinder ins Gespräch kommen und immer wieder den Austausch untereinander suchen. Dies bedarf Raum und Zeit. Bestimmen Sie eine Ecke des Klassenraumes als Polizeiliche Konferenzecke (M 15). Hier können sich die Kinder auch zwischen den Unterrichtsphasen über ihre Ermittlungsergebnisse und Hinweise zum Täter austauschen. Für diesen Zweck soll auch die Polizeiwand immer wieder genutzt werden.

Schülerübersicht
In den Materialien finden Sie eine Übersicht für die Kinder (M 13) zum Ermittlungsverlauf. In dieser sind die Unterrichtssequenzen aufgeführt.
Die Übersicht lässt sich auf DIN A3 kopieren und an die Tafel hängen. Ein Magnet kann als Anzeiger von Sequenz zu Sequenz weitergeschoben werden, sodass die Kinder stets wissen, wo Sie sich im Ermittlungsverlauf befinden.

Verlauf der Ermittlungen – Inhaltliche Übersicht

Vorbereitung
- Polizeiliche Ermittlungsakten mit Ausbildungstagebuch erstellen
- Polizeiwand einrichten
- Dienstgrade und Aufgaben verteilen
- Vermisstenanzeigen plakatieren
- Beweismittel vorbereiten

Sequenz A: Der Fall (ca. 1 Stunde)
- Impuls: Brief 1, Zeugenaussage 1 und Beweismittel (Erpresserbrief, Hundehalsband) vorstellen
- Polizeiliche Ermittlungsakte einführen
- Erste Informationen zum Kriminalfall notieren

Sequenz B: Täterprofile (ca. 3 Stunden)
- Polizeiliche Ermittlungstaktiken „Einen Text markieren“ und „Einen Steckbrief erstellen“ einführen
- Verschieden markierte Texte vergleichen
- Markieren üben: Täterprofile und Täterbeschreibungen erstellen
- Tipps zum Markieren eines Textes und zum Erstellen eines Steckbriefs aufschreiben

Sequenz C: Zeugenaussagen (ca. 1 Stunde)
- Impuls: Zeugenaussage 2 und neue Beweismittel (Zigarettenstummel) vorstellen
- Markieren eines Textes vertiefen

Sequenz D: Letzte Vernehmungen (ca. 2 Stunden)
- Impuls: Zeugenaussage 3 vorstellen
- Polizeiliche Ermittlungstaktik „Einen Notizzettel schreiben“ einführen
- Beispielnotizzettel analysieren
- Notizzettel schreiben üben: Hinweise zum Täter notieren
- Tipps zum Schreiben eines Notizzettels aufschreiben

Sequenz E: Wir klären den Fall auf! (ca. 3 Stunden)
- Polizeilichen Abschlussberichte verfassen
- Polizeiliche Abschlussprüfung durchführen
- Kriminalfall aufklären
- Polizeimarken überreichen

Sabine Quandt: SoKo Struppi – Die Lesepolizei ermittelt
© Persen Verlag

Sequenz A: Der Fall (ca. 1 Stunde)

1. Stunde

Material

- Briefumschlag DIN A 4 mit Etikett M 17, darin enthalten:
  - M 2 Brief 1
  - M 3 Erpresserbrief 1 und ein Hundehalsband jeweils in einer wiederverschließbaren Tüte
  - M 4 Zeugenaussage 1
- Gummihandschuhe zum Anfassen der Beweismittel
- Polizeiliche Ermittlungsakten mit Etikett M 16
- AB 1 a und/oder AB 1 b Der Fall

Phase	Inhaltliche Schwerpunkte
Einstieg	*Begrüßung* „Meine Damen und Herren Polizeikommissare, ich begrüße Sie ganz herzlich. Heute Morgen habe ich einen Anruf von Polizeidirektor Postmann erhalten. Unserem Polizeikommissariat wurde ein neuer Fall zugewiesen. Sicherlich haben Sie die Vermisstenanzeigen bereits gelesen. Es liegen erste Hinweise vor, dass es sich dabei um eine Straftat handelt. Polizeidirektor Postmann drängt darauf, dass der Fall von Ihrer Spezialeinheit so schnell wie möglich aufgeklärt wird. Wir haben bereits eine Akte mit allen derzeit vorliegenden Beweismitteln erhalten. Bitte begeben Sie sich für die ersten polizeilichen Hinweise in den Sitzkreis." ➔ Sitzkreis bilden *Impuls* ➔ Umschlag öffnen (Achtung: Beweismittel noch im Umschlag lassen, nur Zeugenaussage und Brief herausnehmen!) ➔ Brief 1 vorlesen *Arbeitsauftrag* „Ich lese jetzt die Zeugenaussage von Anneliese Fröse, der Besitzerin des vermissten Hundes, vor. Bitte hören Sie sehr aufmerksam zu. Ihre Aufgabe ist es gleich, alle Informationen zum Kriminalfall aufzuschreiben." ➔ Zeugenaussage 1 vorlesen „Beweismittel dürfen nie ohne Gummihandschuhe angefasst werden, sonst werden mögliche Fingerabdrücke verwischt." ➔ Beweismittel aus dem Umschlag nehmen, mit Handschuhen aus den Tüten nehmen und zeigen „Bitte begeben Sie sich für die weiteren Arbeitsanweisungen nun leise an ihren Polizeischreibtisch." ➔ Kinder gehen zu ihren Tischen. „Jeder von Ihnen erhält gleich eine eigene Polizeiliche Ermittlungsakte. In ihr werden Sie fein säuberlich alle Ergebnisse sammeln, die den Fall betreffen. Ihre erste Aufgabe ist es, alle Informationen zum Fall, die sie sich gemerkt haben, aufzuschreiben. Sie können die Informationen in ganzen Sätzen oder auch in Stichworten aufschreiben." ➔ Polizeiliche Ermittlungsakten austeilen ➔ je nach Lerngruppe entweder AB 1 a und/oder AB 1 b austeilen
Erarbeitung	➔ Die Kinder bearbeiten AB 1 a und/oder AB 1 b.
Präsentation	➔ Die Kinder stellen ihre Ergebnisse vor.
Abschluss	*Ausblick* „Wir werden in den nächsten beiden Wochen gemeinsam diesen Fall aufklären. Dazu werden wir uns mit Tatverdächtigen beschäftigen und Zeugenaussagen lesen, um dem Täter auf die Spur zu kommen. Während der Ermittlungen werden Sie als Polizeikommissare lernen, schnell und sicher Informationen in Texten zu finden."

© Persen Verlag

VERMISST!!!

Wer hat Struppi gesehen?

Struppi ist ein weißer
Mischlingshund und
8 Jahre alt.
Er ist ca. 40 cm groß.
Sein besonderes Kennzeichen
sind sein gelocktes,
wuscheliges Fell und seine
braunen Haare an den
Ohren und der Schnauze.
Struppi ist gut erzogen
und sehr zutraulich.

Wer hat Struppi gesehen?

Bitte helfen Sie mir, meinen Hund wiederzufinden!

Anneliese Fröse
(Tel.: 007 - 25 74)

Sabine Quandt: SoKo Struppi – Die Lesepolizei ermittelt
© Persen Verlag

Polizeikommissariat

An das Polizeikommissariat
Spezialeinheit Struppi

12.04.2012
Aktenzeichen: JA24122UX8

Sehr geehrte Spezialeinheit Struppi,

hiermit erhalten Sie die Akten zum Fall „Struppi", Aktenzeichen JA24122UX8.
Es handelt sich um einen gemeinen Tierraub. Uns liegen erste Beweise für eine Erpressung vor.
Wir bitten Ihre Spezialeinheit, sich mit dem Fall zu befassen und ihn lückenlos aufzuklären.
Wir erwarten Ihre Ermittlungsergebnisse schnellstmöglich.

In der Akte finden Sie alle bislang gesammelten Beweisstücke und Informationen.
Bitte bewahren Sie bis zur Aufklärung der Straftat Stillschweigen über den Fall.
Es dürfen keine geheimen Informationen über den Stand der Ermittlungen an die Öffentlichkeit gelangen.

Mit freundlichen Grüßen

Leitender Polizeidirektor

© Persen Verlag

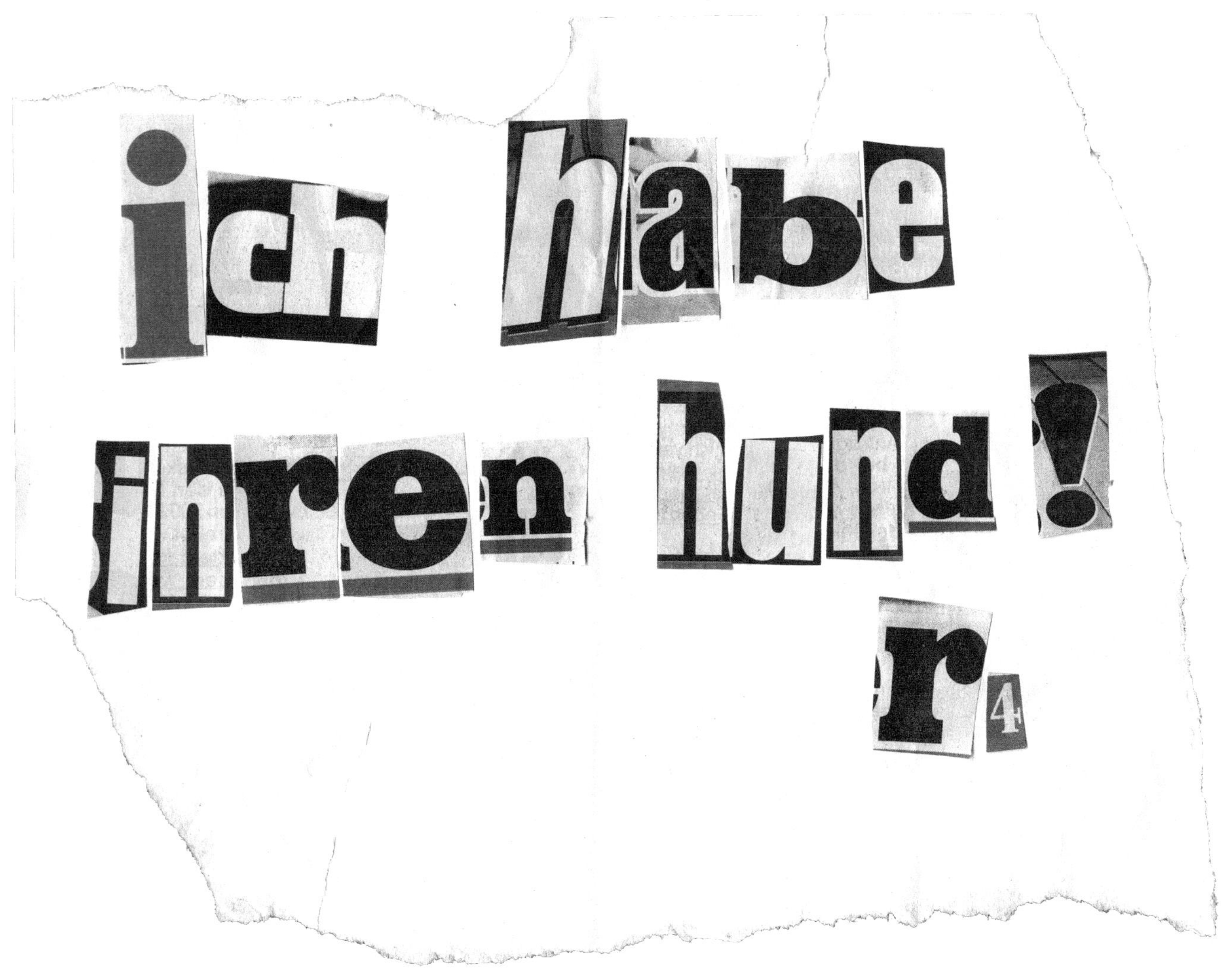

© Persen Verlag

Polizeikommissariat

Aktenzeichen: JA24122UX8
Aufgenommen von: Polizeikommissar M. Jäger

Datum: 11.04.2012
Uhrzeit: 19.28 Uhr

Zeugenaussage: Anneliese Fröse

Die genannte Person gab zu Protokoll:

„Ich weiß gar nicht, wo ich anfangen soll. Ich bin ja so aufgeregt, mein Herz schlägt mir immer noch bis zum Hals. Wissen Sie, mein Hund, also der Struppi, der ist ja so ein lieber Hund. Ich liebe ihn einfach über alles, meine Kinder sind ja schon aus dem Haus und mein Mann ist vor sechs Jahren verstorben. Und Sonntagmorgen ... da ist mein Hund Struppi einfach nicht mehr wiedergekommen. Also, ja, sie müssen wissen, ich gehe jeden Morgen mit dem Struppi spazieren, so gegen acht Uhr. Dann ist er immer schon so aufgeregt und freut sich auf seinen Spaziergang. Und vorgestern Morgen, da war erst alles wie immer, aber dann ... ja, am besten fange ich mal vorne an zu erzählen.
Also der Struppi und ich sind wie jeden Morgen unsere Runde durch den Park gegangen. Da lasse ich ihn dann immer eine Runde ohne Leine laufen, das liebt er einfach, wenn er so schnell laufen kann, ich kann das ja nicht mehr. Und dann spielen wir Stöckchen werfen, das kann er besonders gut. Aber an diesem Morgen, naja, ich habe mich einmal umgedreht. Ich wollte mich hinsetzen, wissen Sie, das Stehen fällt mir in meinem Alter so unheimlich schwer und da habe ich eine Bank gesehen und mich dort hingesetzt. Aber der Struppi, ich habe ihn gerufen, aber er kam einfach nicht. Er kam einfach nicht. Normalerweise ist er sehr zuverlässig, müssen sie wissen. Er hört aufs Wort, aber er kam einfach nicht wieder. Ich habe gewartet und ihn immer wieder gerufen. ‚Struppi', habe ich gerufen, ‚Struppi', aber er kam einfach nicht. So langsam wurde es mir zu kalt im Park, meine Knochen können dieses Wetter nicht mehr so gut haben. Auf jeden Fall habe ich noch ein paar Mal gerufen, ohne Erfolg. Dann habe ich beschlossen, nach Hause zu gehen. Ich habe gedacht, vielleicht ist er ja schon nach Hause gelaufen, er kennt den Weg ja. Auf dem Heimweg habe ich immer wieder nach ihm gerufen, aber nichts. Dann bin ich zu Hause angekommen, aber auch da war von Struppi keine Spur, er war einfach wie vom Erdboden verschwunden. Ich konnte die ganze Nacht nicht schlafen, ich bin immer wieder aufgestanden, vor die Tür gegangen und habe nach ihm gerufen. Ich konnte mir einfach nicht vorstellen, dass er ohne Grund weggelaufen ist, er ist doch so ein treuer Hund. So etwas hat er noch nie gemacht.
Am nächsten Morgen hab ich dann die Vermisstenanzeigen drucken lassen, irgendjemand muss meinen Struppi doch gesehen haben, habe ich mir gedacht.
Als es dunkel wurde, vielleicht so gegen 17.00 Uhr, war Struppi immer noch nicht da. Ich bin noch einmal vor die Tür gegangen, um ihn zu rufen, da habe ich dann auf der Fußmatte Struppis Halsband zusammen mit einem Zettel gefunden. Auf dem Zettel stand: ich habe ihren hund! r4.
Ich war so durcheinander, dass ich mich erst einmal hinsetzen musste. Meine Hände zitterten und mein Herz schlug mir bis zum Hals. Struppi, mein armer Struppi, wurde entführt. Der Brief ist der Beweis und dazu haben sie sein Halsband gelegt. Wenn ihm doch nur nichts passiert ist, meinem Struppi."

A. Fröse

Unterschrift Zeuge

M. Jäger

Unterschrift Polizei

© Persen Verlag

Polizeikommissariat

Polizeiliche Ermittlungsakte

Schreibe alle Informationen über den Fall auf, die du dir gemerkt hast.

Der Fall

Wie heißt der vermisste Hund?

____

Wie heißt die Besitzerin des Hundes?

____

Wann ist der Hund verschwunden?

____

Wo ist der Hund verschwunden?

____

Erste Hinweise auf eine Entführung und den Täter:

____

____

____

____

Weitere Notizen:

____

____

Sabine Quandt: SoKo Struppi – Die Lesepolizei ermittelt
© Persen Verlag

Polizeikommissariat

Polizeiliche Ermittlungsakte

Schreibe alle Informationen über den Fall auf, die du dir gemerkt hast.

Der Fall

© Persen Verlag

2. Stunde

Material

- M 5 Einen Text markieren (auf Folie kopiert)
- M 18 Reflexion
- AB 2 Einen Text markieren 1
- AB 3 Täterprofil
- AB 13 Ermittlungstaktik
- Tafel
- OH-Projektor

<table>
<tr><th>Phase</th><th>Inhaltliche Schwerpunkte</th></tr>
<tr><td>Einstieg</td><td>Stundentransparenz
„Heute lernen Sie als Kommissare, wie man wichtige Informationen aus einer Täterbeschreibung herausfindet. Nämlich indem man einen Text markiert. Am Ende der Stunde sollen Sie wissen, was beim Markieren eines Textes wichtig ist.
Polizeidirektor Postmann hat unserer Spezialeinheit aufgrund der derzeitigen Beweislage die in Frage kommenden Akten zu den Tatverdächtigen geschickt. Wir werden uns heute mit dem ersten Tatverdächtigen befassen.“

Arbeitsauftrag
„Auf dem Arbeitsblatt finden Sie zweimal die gleiche Täterbeschreibung. Ihre Aufgabe ist es, den ersten Text genau durchzulesen und dann zu vergleichen, was und wie die beiden Polizeikommissare in den Texten markiert haben.“
➔ AB 2 austeilen</td></tr>
<tr><td>Erarbeitung</td><td>➔ Die Kinder bearbeiten AB 2.</td></tr>
<tr><td>Präsentation</td><td>➔ Die Kinder stellen ihre Ergebnisse vor.</td></tr>
<tr><td>Sicherung</td><td>„Welcher Text ist besser markiert? Warum?“
„Was ist beim Markieren von Informationen in einem Text wichtig?“
➔ M 5 auf OH-Projektor legen und im gemeinsamen Unterrichtsgespräch schrittweise erarbeiten. Die Kinder ergänzen zeitgleich AB 13 für ihre Polizeiliche Ermittlungsakte.
➔ M 5 kann größer kopiert und als Plakat in die Klasse gehängt werden.

„Welche wichtigen Informationen hat Kommissar 2 im Text markiert?“
➔ Kriterien in der unten genannten Reihenfolge an der Tafel sammeln.
(Achtung: Notizen für die nächsten Unterrichtsstunden als Orientierung stehen lassen!)

Tafelbild:
<u>Steckbrief des Tatverdächtigen</u>
Name:
Alter:
Aussehen:
Größe:
Besondere Kennzeichen:
Beruf:
Vorstrafen:
Familie:
Verdächtige Hinweise:

Reflexion
➔ M 18 an die Tafel hängen
➔ zunächst mündlich, dann in das Polizeiliche Ausbildungstagebuch eintragen</td></tr>
<tr><td>Abschluss</td><td>Vermutungen zum Täter anstellen
➔ Die Kinder äußern <u>begründete</u> Vermutungen zum Täter.

Ausblick
„In der nächsten Stunde werden wir einen Steckbrief der Tatverdächtigen anfertigen.“

Hausaufgabe
Fertigen Sie ein Bild der Tatverdächtigen an.
➔ AB 3 austeilen</td></tr>
</table>

© Persen Verlag

3. Stunde

Material
- M 6 Einen Steckbrief erstellen (Folie)
- M 18 Reflexion
- AB 4 a und/oder AB 4 b Steckbrief des Tatverdächtigen
- AB 13 Ermittlungstaktik
- Tafel
- OH-Projektor

Phase	Inhaltliche Schwerpunkte
Einstieg	*Hausaufgaben besprechen* „Bitte tauschen Sie mit Ihrem Sitznachbarn Ihr Täterprofil und kontrollieren Sie gegenseitig, ob Sie bei Ihren Zeichnungen alle wichtigen Informationen berücksichtigt haben, die Sie in der vergangenen Stunde über die Tatverdächtige erfahren haben." *Stundentransparenz* „Bevor Sie heute einen Steckbrief von Veronika Renz anfertigen, werden Sie zunächst erfahren, was Sie dabei beachten müssen." ➔ siehe Tafelbild (2. Stunde) *Arbeitsauftrag* „Überlegen Sie bitte, was beim Erstellen eines Steckbriefes beachtet werden muss." ➔ M 6 auf OH-Projektor legen und im gemeinsamen Unterrichtsgespräch schrittweise erarbeiten. Die Kinder ergänzen zeitgleich AB 13 für ihre Polizeiliche Ermittlungsakte. ➔ M 6 kann größer kopiert und als Plakat in die Klasse gehängt werden. „Erstellen Sie einen Steckbrief der Tatverdächtigen. Beachten Sie dabei die Tipps, die Sie gerade erhalten haben." ➔ je nach Lerngruppe entweder AB 4 a und/oder AB 4 b austeilen
Erarbeitung	➔ Die Kinder bearbeiten AB 4 a und/oder AB 4 b.
Präsentation	➔ Die Kinder stellen ihre Ergebnisse vor.
Sicherung	*Reflexion* ➔ M 18 an die Tafel hängen ➔ zunächst mündlich, dann in das Polizeiliche Ausbildungstagebuch eintragen
Abschluss	➔ *Ausblick* ➔ „In der nächsten Stunde werden wir uns mit den weiteren Tatverdächtigen beschäftigen."

© Persen Verlag

4. Stunde

Material
- M 18 Reflexion
- AB 4 a und/oder AB 4 b Steckbrief des Tatverdächtigen
- AB 5 Einen Text markieren 2
- AB 13 Ermittlungstaktik
- Textmarker
- Tafel

Phase	Inhaltliche Schwerpunkte
Einstieg	*Stundentransparenz* „Die Ermittlungen sind in vollem Gang. Heute beschäftigen wir uns mit den weiteren Tatverdächtigen. Ich weise Sie noch mal darauf hin, dass es darauf ankommt, sehr genau zu arbeiten. Sonst kann der Täter nicht überführt werden.“ *Arbeitsauftrag* „Sie erhalten nun die neue Akte. Lesen sie sich den Text genau durch und markieren Sie die wichtigen Informationen im Text.“ ➔ Klasse in fünf leistungsheterogene Gruppen aufteilen ➔ AB 5 austeilen, jede Gruppe erhält einen Verdächtigen
Erarbeitung	➔ Die Kinder bearbeiten AB 5 und AB 4 a und/oder AB 4 b. ➔ Sie können sich mit ihren Gruppenmitgliedern besprechen. ➔ Als Hilfe und Selbstkontrolle können die Lösungen (s. S. 63–67) hinter die Tafel gehängt werden.
Präsentation	➔ Die Kinder stellen die Steckbriefe der verschiedenen Täter vor. Die anderen Kinder der Gruppe achten darauf, dass alle Informationen enthalten sind und ergänzen ggf.
Sicherung	*Reflexion* ➔ M 18 an die Tafel hängen ➔ zunächst mündlich, dann in das Polizeiliche Ausbildungstagebuch eintragen
Abschluss	*Vermutungen zum Täter anstellen* ➔ Die Kinder äußern begründete Vermutungen zum Täter. *Ausblick* „In der nächsten Stunde werden wir dem Täter hoffentlich ein Stückchen weiter auf die Spur kommen.“ ➔ Im Anschluss an diese Stunde sollte ein gelungener und vor allem vollständiger Steckbrief jedes Tatverdächtigen mit Bild an die Polizeiwand gehängt werden.

© Persen Verlag

Polizeikommissariat

Polizeiliche Ermittlungsakte

Polizeiliche Ermittlungstaktik:
Einen Text markieren

1 **Lies den Text sehr sorgfältig.**

2 **Beginne erst beim zweiten Lesen mit dem Markieren.**

3 **Markiere nur das Wichtigste.**

4 **Markiere immer nur einzelne Wörter oder kurze Abschnitte.**

In einem gut markierten Text findest du die wichtigsten Informationen auf einen Blick!

© Persen Verlag

Polizeikommissariat

Polizeiliche Ermittlungsakte

Polizeiliche Ermittlungstaktik:
Einen Steckbrief erstellen

1 **Finde Überschriften.**

2 **Schreibe in Stichworten.**

3 **Achte auf Übersichtlichkeit.**

In einem Steckbrief sind alle wichtigen Informationen kurz zusammengefasst!

Beispiel:

Steckbrief der Tatverdächtigen

Name: Veronika Renz

Alter: 34 Jahre

Aussehen: lange schwarze Haare, grüne Augen, zierliche Statur

Größe: eher klein

Besondere Kennzeichen: Narbe über dem rechten Auge

Beruf: Kassiererin in einem Supermarkt

Vorstrafen: mehrfach versuchter Diebstahl in einem Kaufhaus

Familie: eine Tochter

Verdächtige Hinweise:

Sabine Quandt: SoKo Struppi – Die Lesepolizei ermittelt
© Persen Verlag

Polizeikommissariat

Polizeiliche Ermittlungsakte

Polizeiliche Ermittlungstaktik: Einen Text markieren

Zwei Kommissare haben den gleichen Text bekommen.
Sie hatten die Aufgabe, die wichtigsten Informationen zu markieren.
Lies zunächst den ersten Text.
Vergleiche dann, was und wie die Kommissare den Text markiert haben.

Kommissar 1

Veronica Renz ist 34 Jahre alt, sie lebt mit ihrer einzigen Tochter zusammen. Ihren letzten Geburtstag hat sie mit Freunden im Keller gefeiert, dabei gab es eine Menge zu Essen, zum Beispiel Kartoffelsalat mit Würstchen und Nudelsalat. Veronica Renz arbeitet als Kassiererin in einem Supermarkt. Dort verkauft sie verschiedene Gemüsesorten, wie Brokkoli, Petersilie und Karotten. Die Karotten kommen vom Biobauernhof gleich um die Ecke und schmecken sehr lecker. Ihre langen schwarzen Haare trägt sie bei der Arbeit immer als Zopf. So stören die Haare nicht, wenn sie die schweren Kartons mit Bananen auspackt oder den Zucker in das Verkaufsregal einräumt. Veronica Renz wurde bereits mehrfach wegen versuchten Diebstahls in einem Kaufhaus verhaftet. Sie hat grüne Augen und ein besonderes Kennzeichen ist ihre Narbe über dem rechten Auge. Das linke Auge sieht ganz normal aus. Veronica Renz hat keine kräftige Statur. Man kann eher sagen, dass sie eine zierliche Statur hat.

Kommissar 2

Veronica Renz ist 34 Jahre alt, sie lebt mit ihrer einzigen Tochter zusammen. Ihren letzten Geburtstag hat sie mit Freunden im Keller gefeiert, dabei gab es eine Menge zu Essen, zum Beispiel Kartoffelsalat mit Würstchen und Nudelsalat. Veronica Renz arbeitet als Kassiererin in einem Supermarkt. Dort verkauft sie verschiedene Gemüsesorten, wie Brokkoli, Petersilie und Karotten. Die Karotten kommen vom Biobauernhof gleich um die Ecke und schmecken sehr lecker. Ihre langen schwarzen Haare trägt sie bei der Arbeit immer als Zopf. So stören die Haare nicht, wenn sie die schweren Kartons mit Bananen auspackt oder den Zucker in das Verkaufsregal einräumt. Veronica Renz wurde bereits mehrfach wegen versuchten Diebstahls in einem Kaufhaus verhaftet. Sie hat grüne Augen und ein besonderes Kennzeichen ist ihre Narbe über dem rechten Auge. Das linke Auge sieht ganz normal aus. Veronica Renz hat keine kräftige Statur. Man kann eher sagen, dass sie eine zierliche Statur hat.

© Persen Verlag

Polizeikommissariat

Polizeiliche Ermittlungsakte

Täterprofil

Name des Tatverdächtigen:

Sabine Quandt: SoKo Struppi – Die Lesepolizei ermittelt
© Persen Verlag

Polizeikommissariat

Polizeiliche Ermittlungsakte

Steckbrief des Tatverdächtigen

Name: ______________________________

Alter: ______________________________

Aussehen: ______________________________

____

____

Größe: ______________________________

Besondere Kennzeichen: ______________________________

____

Beruf: ______________________________

Vorstrafen: ______________________________

____

Familie: ______________________________

Verdächtige Hinweise: ______________________________

____

____

____

© Persen Verlag

Polizeikommissariat

Polizeiliche Ermittlungsakte

Steckbrief des Tatverdächtigen

Sabine Quandt: SoKo Struppi – Die Lesepolizei ermittelt
© Persen Verlag

Polizeikommissariat

Polizeiliche Ermittlungsakte

Polizeiliche Ermittlungstaktik:
Einen Text markieren

1 **Lies den Text genau durch und markiere die wichtigen Informationen über den Tatverdächtigen.**

2 **Fertige einen Steckbrief über den Tatverdächtigen an.**

Der 36 Jahre alte Richard Rosental ist aufgrund eines Überfalls auf eine alte Dame polizeibekannt.
Mittlerweile arbeitet er jedoch als Tätowierer. Letzte Woche hat er einer Frau eine Blume auf den Fuß tätowiert. Die Kundin hatte lange für diese Tätowierung gespart und sogar ihren Fernseher verkauft.
Richard Rosental trägt gelegentlich einen Vollbart. Dieser ist so dunkel wie seine langen dunklen Haare.
Seine Leidenschaft sind Porzellanschweine, davon hat er eine ganze Menge zu Hause.
Seine Frau findet das ziemlich albern. Sie sammelt keine Porzellanschweine.
Richard Rosental ist starker Raucher, auch darüber beschwert sich seine Frau jeden Tag.
Bei einer Größe von 1,73 m hat er eine kräftige Statur. Seine Frau kocht sehr gerne, dafür geht sie mittags immer auf dem Markt in der Kantstraße einkaufen. Danach trifft sich seine Frau mit ihren Freundinnen.
Richard Rosental hat keine blauen Augen wie das Wasser. Er hat auch keine grünen Augen wie das Gras. Richard Rosental hat braune Augen.

© Persen Verlag

Polizeikommissariat

Polizeiliche Ermittlungsakte

Polizeiliche Ermittlungstaktik:
Einen Text markieren

1 **Lies den Text genau durch und markiere die wichtigen Informationen über den Tatverdächtigen.**

2 **Fertige einen Steckbrief über den Tatverdächtigen an.**

Gundbert Kaiser ist 40 Jahre alt. Meerschweinchen werden keine 40 Jahre alt, Kaninchen und Hamster auch nicht. Gundbert Kaiser stört es nicht, dass er in diesem Alter bereits einige Falten hat. Er verändert oft sein Aussehen, da sein bester Freund von Beruf Frisör ist.
Gundbert Kaiser wurde bereits viermal wegen gemeinen Diebstahls verhaftet. Nach seiner letzten Haft arbeitet er nun als Rosenverkäufer in einer Gärtnerei. In der Gärtnerei gibt es nicht nur Blumen, sondern auch Blumenerde, eine Schubkarre, eine Hacke und viele andere wichtige Gartengeräte.
Gundbert Kaiser ist mit einer Größe von 1,70 m der kleinste Mitarbeiter in der Gärtnerei.
Er raucht bei der Arbeit Zigaretten.
Besonders auffallend ist seine große Nase, dafür hat er eine normale Figur.
Um besser sehen zu können, trägt Gundbert Kaiser eine Brille. Heute tragen viele Menschen eine Brille. Seine Augen sind blau.

Sabine Quandt: SoKo Struppi – Die Lesepolizei ermittelt
© Persen Verlag

Polizeikommissariat

Polizeiliche Ermittlungsakte

Polizeiliche Ermittlungstaktik:
Einen Text markieren

1 **Lies den Text genau durch und markiere die wichtigen Informationen über den Tatverdächtigen.**

2 **Fertige einen Steckbrief über den Tatverdächtigen an.**

Rolf Kaltmann ist 33 Jahre alt und lebt alleine. Früher ist er als Matrose zur See gefahren.

Die anderen Matrosen segeln noch heute über die Weltmeere von Panama nach Afrika, von Australien nach Amerika. Heute arbeitet Rolf Kaltmann in einer Reinigung.

Rolf Kaltmann wurde bereits dreimal wegen Raub verurteilt, er hat drei Tankstellen überfallen. An vielen Tankstellen kann man nicht nur ein Auto betanken, sondern auch Schokolade oder Kaugummis kaufen.

Rolf Kaltmann raucht Zigaretten, das konnte er sich nie richtig abgewöhnen.

Bei einer Größe von 1,67 m hat er eine kräftige Statur. Sein besonderes Kennzeichen ist ein großes Muttermal auf dem linken Unterschenkel. Manche Menschen können links und rechts nicht auseinanderhalten, besonders beim Autofahren fällt es ihnen schwer. Rolf Kaltmann trägt lange dunkle Haare. Er war schon lange nicht beim Frisör. Der nächste Frisör ist eigentlich nur zwei Straßen weiter. Rolf Kaltmann hat blaue Augen und trägt keine Brille. Eine Brille muss man nur tragen, wenn man nicht so gut sehen kann.

© Persen Verlag

Polizeikommissariat

Polizeiliche Ermittlungsakte

Polizeiliche Ermittlungstaktik:
Einen Text markieren

1 **Lies den Text genau durch und markiere die wichtigen Informationen über den Tatverdächtigen.**

2 **Fertige einen Steckbrief über den Tatverdächtigen an.**

Manfred Hattenichts ist arbeitslos, gelegentlich arbeitet er aber in einer Tierhandlung. Hier kann man nicht nur Tiere, sondern auch Tierfutter oder einen Käfig für ein Meerschweinchen kaufen.
Manfred Hattenichts ist 35 Jahre alt. Er hat eine Familie mit vier Kindern.
Seine dunklen Haare trägt er mal kurz und mal lang.
Mehrfach wurde Manfred Hattenichts wegen zu schnellen Fahrens von der Polizei verhaftet. Ein versuchter Diebstahl konnte ihm von der Polizei nicht nachgewiesen werden.
Bei einem Unfall hat Manfred Hattenichts seinen rechten Ringfinger verloren.
Manfred Hattenichts ist Nichtraucher. Wenn man nicht raucht, tut man seiner Gesundheit etwas Gutes und spart viel Geld.
Manfred Hattenichts trägt einen Oberlippenbart. Über den Bart beschwert sich seine Frau schon seit Jahren. Manfred Hattenichts ist 1,70 m groß. Es gibt viele Menschen, die größer sind als er, aber auch viele, die kleiner sind.
Er hat braune Augen.

Sabine Quandt: SoKo Struppi – Die Lesepolizei ermittelt
© Persen Verlag
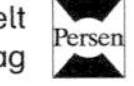

Polizeikommissariat

Polizeiliche Ermittlungsakte

Polizeiliche Ermittlungstaktik:
Einen Text markieren

1 **Lies den Text genau durch und markiere die wichtigen Informationen über den Tatverdächtigen.**

2 **Fertige einen Steckbrief über den Tatverdächtigen an.**

Robert Steinimweg ist 35 Jahre alt.
Er arbeitet als Maurer. In diesem Beruf hilft man, Häuser zu bauen, dafür muss man schwere Steine tragen oder Schubkarren mit Sand schieben.
Seit letztem Sommer ist Robert Steinimweg verheiratet. Im Sommer fahren viele Leute in den Urlaub ans Meer oder verbringen ihre Freizeit im Garten.
Robert Steinimweg ist 1,85 m groß. Beim Einkaufen muss er sich nicht auf die Zehenspitzen stellen, um an die oberen Regale zu kommen. Andere Kunden im Supermarkt fragen dann nach einer Leiter. Robert Steinimweg trägt kurze blonde Haare und ist schlank. Da er nicht so gut sehen kann wie seine Tante Henriette und sein Onkel Karl Heinz, trägt er eine Brille. Seine strahlend grünen Augen fallen durch die Brille noch mehr auf.
Robert Steinimweg raucht. Er raucht jedoch keine Zigaretten, sondern Zigarren.
Bei der Polizei ist er durch seine zahlreichen Einbrüche bekannt.

© Persen Verlag

5. Stunde

Material

- Briefumschlag DIN A 4 mit Etikett M 17, darin enthalten:
  - M 7 Brief 2
  - M 8 Erpresserbrief 2 und ein Zigarettenstummel jeweils in einer wiederverschließbaren Tüte
  - AB 6 Zeugenaussage 2
- M 9 Reflexion
- Gummihandschuhe zum Anfassen der Beweismittel
- Textmarker
- Tafel

Phase	Inhaltliche Schwerpunkte
Einstieg	*Stundentransparenz* „Sie werden heute noch einmal ein polizeiliches Training zum Markieren wichtiger Informationen in einem Text durchlaufen. Am Ende der Stunde sollen Sie überlegen, was Ihnen beim Markieren schon gut gelingt und woran Sie noch denken müssen. Bitte begeben Sie sich für die polizeilichen Hinweise in den Sitzkreis." ➔ Sitzkreis bilden *Impuls* „Polizeidirektor Postmann hat heute Morgen angerufen. Es sind neue Beweise aufgetaucht, die auf den Täter hinweisen." ➔ Brief 2 vorlesen ➔ Erpresserbrief 2 und Zigarettenstummel jeweils in einer Tüte verpackt hochhalten ➔ Gummihandschuhe anziehen und Erpresserbrief vorlesen, danach wieder eintüten *Arbeitsauftrag* „Der Täter war dieses Mal nicht so geschickt. Oma Anneliese hat ihn gesehen und eine Zeugenaussage bei der Polizei gemacht, die Sie gleich erhalten werden. Sie wissen aber auch, dass Oma Anneliese schon ein bisschen tüddelig ist und gerne viel erzählt. Ihre Aufgabe ist es darum, die wichtigsten Informationen zum Täter in der Zeugenaussage zu markieren und daraus einen Steckbrief zu schreiben. Wichtig ist dabei, die Aussage genau durchzulesen; die Informationen sind versteckt. Denken Sie daran, was beim Markieren eines Textes wichtig ist." ➔ AB 6 austeilen
Erarbeitung	➔ Die Kinder bearbeiten AB 6 und schreiben einen Steckbrief in ihr Heft.
Präsentation Sicherung	„Achten Sie jetzt darauf, ob auch Sie alle Informationen im Text gefunden haben. Nehmen Sie das als Anhaltspunkt dafür, wie gut Sie gelesen und markiert haben." ➔ Die Kinder stellen ihren Steckbrief vor. *Reflexion – Daumenabfrage* „Du sollst jetzt einmal mit dem Daumen bewerten, wie gut du markiert hast. Leg deinen Kopf auf den Tisch, tauch ab." ➔ Jetzt sollen die Kinder nach jeder Frage mit dem Daumen bewerten: • Daumen hoch: Das kann ich schon gut. • Daumen in mittlerer Position: Daran habe ich nicht gedacht; das muss ich mir merken. • Daumen runter: Ich fühle mich unsicher und muss noch daran arbeiten. Fragen an die Kinder: 1. Ich habe den Text sorgfältig gelesen. 2. Ich habe erst beim zweiten Lesen angefangen zu markieren. 3. Ich habe nur das Wichtigste markiert. 4. Ich habe immer nur einzelne Wörter oder Abschnitte markiert. ➔ wieder auftauchen

Sabine Quandt: SoKo Struppi – Die Lesepolizei ermittelt
© Persen Verlag

Sequenz C: Zeugenaussagen (ca. 1 Stunde)

Phase	Inhaltliche Schwerpunkte
	Reflexion – Polizeiliches Ausbildungstagebuch ➔ M 9 an die Tafel hängen „Schreibe jetzt für dich noch einmal auf, ‚Beim Markieren gelingt mir schon gut …' oder ‚Beim Markieren darf ich nicht vergessen …' Schreib die Sätze in dein Polizeiliches Ausbildungstagebuch in deiner Ermittlungsakte."
Abschluss	*Vermutungen zum Täter anstellen* ➔ Die Kinder äußern begründete Vermutungen zum Täter. *Ausblick* „In der nächsten Stunde werden wir an der Zeugenaussage weiterarbeiten und dem Täter weiter auf der Spur sein."

© Persen Verlag

Polizeikommissariat

An das Polizeikommissariat
Spezialeinheit Struppi

20.04.2012
Aktenzeichen: JA24122UX8

Sehr geehrte Spezialeinheit Struppi,

Im Fall „Struppi“, Aktenzeichen JA24122UX8, haben sich neue Erkenntnisse bezüglich des Täters ergeben. Ich übersende Ihnen hiermit die Aussage der Zeugin Anneliese Fröse sowie die sichergestellten Beweismittel.

Bitte bewahren Sie weiterhin bis zur Aufklärung der Straftat Stillschweigen über den Fall.
Es dürfen in keinem Fall geheime Informationen über den Stand der Ermittlungen an die Öffentlichkeit gelangen.
Ich erwarte Ihre Ermittlungsergebnisse so schnell wie möglich.

Mit freundlichen Grüßen

Postmann
Leitender Polizeidirektor

Sabine Quandt: SoKo Struppi – Die Lesepolizei ermittelt
© Persen Verlag

ihrem hund
geht es noch
gut!
10000 €

© Persen Verlag

© Persen Verlag

Polizeikommissariat

Aktenzeichen: JA24122UX8
Aufgenommen von: Polizeikommissar H. Liecker

Datum: 20.04.2012
Uhrzeit: 14.23 Uhr

Zeugenaussage: Anneliese Fröse

Die genannte Person gab zu Protokoll:

„Ich bin immer noch ganz aufgeregt. Dieser Halunke, der meinen armen, kleinen Struppi geraubt hat. Heute Morgen wollte ich gerade für das Mittagessen einkaufen gehen, da habe ich wieder einen Zettel auf meiner Fußmatte gefunden und jemanden mit langen Haaren davonrennen sehen. Zuerst habe ich gedacht, es wäre eine Frau, aber aufgrund der kräftigen Statur bin ich mir sicher, dass es ein Mann mit langen Haaren war. Ich konnte ihn nicht genau erkennen, es war ja noch etwas dunkel. Mittags sollte es Hähnchen mit Kartoffeln und buntem Gemüse aus Paprika, Karotten, Weißkohl und Brokkoli geben. Auf dem Wochenmarkt in der Kantstraße gibt es immer die frischesten Zutaten, da gehe ich jede Woche einkaufen. Schließlich koche ich immer frisch, nichts aus der Dose. Auf jeden Fall war der Mann nicht allzu groß, ich schätze ihn auf 1,70 m. Ich weiß das so genau, weil mein Ehemann nur ein bisschen größer war. Aber Harald mein Ehemann ist ja nun schon zehn Jahre tot. Das war wirklich keine leichte Zeit für mich.
Hätte ich nicht noch einmal genau hingeschaut, hätte ich gemeint, der Täter hätte genauso schwarze Haare wie mein Sohn, aber die Haarfarbe des Diebes war dunkelbraun, ich bin mir sicher.
Als er wegrannte, ließ er seine Zigarette fallen. Er raucht. Über diese Raucher rege ich mich ja schon mein ganzes Leben auf. Egal, wo man hingeht, überall verpesten sie die Luft mit ihrem Rauch. Da kann man ja nur krank werden. Ein Graus ist das. Dann erinnere ich mich noch daran, dass der Täter am rechten Unterarm eine Tätowierung hatte. Ich konnte nicht genau erkennen, was es ist, vielleicht ein Schwein oder ein Schiff. Naja, ich kenne mich damit ja auch nicht aus. Mein Sohn sagt immer: ‚Mutter, davon verstehst du nichts.' Und da hat er ausnahmsweise mal Recht. Mein Sohn muss immer Recht haben, das stört mich meistens, aber in diesem Fall ausnahmsweise nicht.
Der Täter war etwas jünger als mein Sohn, also ungefähr 35 Jahre alt, schätze ich. In dem Alter hat sich mein Sohn immer beschwert, dass er Falten und graue Haare bekommt, daran kann ich mich noch sehr gut erinnern.
In dieser Zeit hat sich mein Sohn auch einen Bart wachsen lassen. Wenn Sie mich fragen, passte das gar nicht zu ihm. Ich frage mich noch heute, wie er auf die Idee gekommen ist. Der Dieb hatte auch einen Bart. So gut sind meine Augen noch, dass ich sehe, wenn ein Mann einen Bart trägt.
Viel genauer kann ich den Täter leider nicht beschreiben, schließlich war es dunkel."

A. Fröse
Unterschrift Zeuge

H. Liecker
Unterschrift Polizei

Sabine Quandt: SoKo Struppi – Die Lesepolizei ermittelt
© Persen Verlag

6. Stunde

Material
- M 18 Reflexion
- AB 7 Einen Notizzettel schreiben
- Tafel

Phase	Inhaltliche Schwerpunkte
Einstieg	*Stundentransparenz* „Heute geht es in Ihrer Polizeilichen Ausbildung darum, wie man einen polizeilichen Notizzettel schreibt. Dies ist besonders bedeutend, um sich wichtige Informationen schnell notieren und gut merken zu können. Am Ende der Stunde sollen Sie wissen, was wichtig ist, wenn man einen Notizzettel schreibt. Polizeidirektor Postmann hat mich darüber informiert, dass eine weitere Zeugenaussage vorliegt. Die Nachbarin der Hundebesitzerin, Frau Gundula Engelbert, ist etwas aufgefallen. Sie hat eine Aussage bei der Polizei gemacht. Der zuständige Polizeikommissar hat sich einen Notizzettel geschrieben, um sich schnell ein Bild von der Beweislage zu machen. *Arbeitsauftrag* „Sie erhalten nun die Akte. Ihre Aufgabe ist es, sich die Zeugenaussage genau durchzulesen und zu überlegen: Welche Informationen hat sich der Polizeikommissar aufgeschrieben und wie hat er seinen Notizzettel geschrieben?“ ➔ AB 7 austeilen
Erarbeitung	➔ Die Kinder bearbeiten AB 7.
Sicherung	„Wie schreibt man einen Notizzettel?“ „Was ist typisch für einen Notizzettel?“ „Was kann helfen, sich an wichtige Dinge zu erinnern?“ ➔ Tipps an der Tafel sammeln (Achtung: Notizen für die nächste Unterrichtsstunde als Orientierung stehen lassen!) Tafelbild: Polizeiliche Ermittlungstaktik: Einen Notizzettel schreiben • Lies den Text gründlich. • Markiere zunächst das Wichtigste. • Schreibe in Stichworten, benutze dabei nur wenige Wörter. • Lass dir passende Bilder zu den Informationen einfallen. Die Bilder helfen dir, dich zu erinnern. Ein guter Notizzettel kann dir helfen, alle wichtigen Informationen kurz zusammenzufassen und im Gedächtnis zu behalten! *Reflexion* ➔ M 18 an die Tafel hängen ➔ zunächst mündlich, dann in das Polizeiliche Ausbildungstagebuch eintragen
Abschluss	*Vermutungen zum Täter anstellen* ➔ Die Kinder äußern begründete Vermutungen zum Täter. *Ausblick* „Polizeidirektor Postmann ist mit der derzeitigen Ermittlungslage sehr zufrieden. Die Aufklärung des Falls steht wohl kurz bevor. Er weist nochmals daraufhin: Bitte seien Sie gerade jetzt sehr aufmerksam mit Ihren Ermittlungsunterlagen, lassen Sie nichts herumliegen und bewahren Sie Stillschweigen über alle Informationen.“

© Persen Verlag

7. Stunde

Material
- M 10 Einen Notizzettel schreiben
- M 18 Reflexion
- AB 8 Notizzettel zur Überführung des Täters
- AB 13 Ermittlungstaktik

Phase	Inhaltliche Schwerpunkte
Einstieg	*Stundentransparenz* „Heute geht es in Ihrer Polizeilichen Ausbildung noch einmal darum, einen polizeilichen Notizzettel zu schreiben. Sie sollen heute Ihre Ausbildungsunterlagen vervollständigen." *Wiederholung* ➔ Die Kinder wiederholen die Tipps zum Notieren eines Notizzettels aus dem Gedächtnis, dabei die Tafel mit den notierten Tipps erst zugeklappt lassen. ➔ u. U. auch noch Ergänzung der Tipps vornehmen *Arbeitsauftrag* „Ihre Aufgabe ist es nun, die Tipps zum Schreiben eines Notizzettels in Ihre Polizeiakte zu übertragen." ➔ AB 13 austeilen
Erarbeitung	➔ Die Kinder bearbeiten AB 13. ➔ M 10 kann größer kopiert und als Plakat in die Klasse gehängt werden.
Sicherung	*Reflexion* ➔ M 18 an die Tafel hängen ➔ zunächst mündlich, dann in das Polizeiliche Ausbildungstagebuch eintragen
Abschluss	*Vermutungen zum Täter anstellen* ➔ Die Kinder äußern begründete Vermutungen zum Täter. *Hausaufgabe/Ausblick* 1. „Die Aufklärung des Falls steht kurz bevor. Zu diesem Zweck ist es Ihre Hausaufgabe, alle Informationen zum Täter auf einen Notizzettel zu schreiben. Es kann Ihnen helfen, noch einmal alle Zeugenaussagen in Ihrer Akte zu lesen. 2. „Bereiten Sie sich außerdem auf die Polizeiliche Abschlussprüfung zum Ende der Ermittlungen vor. Wiederholen Sie alles, was Sie gelernt haben." ➔ AB 8 austeilen

© Persen Verlag

Polizeikommissariat

Polizeiliche Ermittlungsakte

Polizeiliche Ermittlungstaktik:
Einen Notizzettel schreiben

1 **Lies den Text gründlich.**

2 **Markiere zunächst das Wichtigste.**

3 **Schreibe in Stichworten. Benutze dabei nur wenige Wörter.**

4 **Lass dir passende Bilder zu den Informationen einfallen.
Die Bilder helfen dir, dich zu erinnern.**

Ein guter Notizzettel kann dir helfen, alle wichtigen Informationen kurz zusammenzufassen und im Gedächtnis zu behalten!

© Persen Verlag

Polizeikommissariat

Polizeiliche Ermittlungsakte

Polizeiliche Ermittlungstaktik:
Einen Notizzettel schreiben

1 **Lies die Zeugenaussage genau durch.**

2 **Schau dir dann den Notizzettel von Polizeikommissar Kransmann an. Welche Informationen hat er notiert? Wie hat er seinen Notizzettel geschrieben?**

Aktenzeichen: JA24122UX8
Aufgenommen von: Polizeikommissar A. Kransmann

Datum: 24.04.2012
Uhrzeit: 12.44 Uhr

Zeugenaussage: Gundula Engelbert

Die genannte Person gab zu Protokoll:

„Also, ich wusste ja gar nicht, dass der Hund meiner Nachbarin, na der Struppi, dass der schon tagelang verschwunden ist. Deshalb habe ich mir auch zuerst nichts dabei gedacht. Erst heute morgen, als ich von dem Raub erfuhr, war mir plötzlich alles klar. Ich erinnere mich an einen Mann, der vor drei Wochen öfters bei uns vor dem Haus rumlungerte. Ich dachte schon damals, da stimmt was nicht. Aber als er sagte, er käme von der Stadtreinigung, habe ich mir nichts mehr dabei gedacht. Auf jeden Fall hatte er eine kräftige Statur und er hatte lange dunkle braune Haare. Daran kann ich mich gut erinnern, ich finde lange Haare bei Männern nämlich furchtbar. Außerdem ist mir sofort seine Tätowierung am rechten Unterarm aufgefallen. Mir war mal wieder meine volle Einkaufstasche aus der Hand gefallen und der Mann hatte mir freundlicher Weise geholfen, mein Gemüse wieder einzusammeln. Am Morgen war ich auf dem Markt gewesen und hatte frisches Gemüse für das Mittagessen gekauft. Als Vorspeise sollte es Tomatensuppe geben, dann einen Gemüseauflauf mit Karotten, Pilzen und Fisch. Naja, also, er hatte eine Seemannstätowierung auf dem Unterarm, genauso eine wie mein Mann. Mein Mann war früher Kapitän zur See, müssen sie wissen, deshalb kenne ich mich damit so gut aus. Als ich mich bedankt habe, konnte ich in seine Augen schauen. Sie waren blau, wie das Meer, dachte ich. Er sagte nur: ‚Bitte', dabei kam mir eine Wolke Zigarettenqualm entgegen. Das war nicht so angenehm, sodass ich schnell gegangen bin.
Auf jeden Fall bin ich sicher, dass dieser Mann etwas mit der Sache zu tun haben muss. Mittlerweile kommt mir das Alles sehr merkwürdig vor."

G. Engelbert
Unterschrift Zeuge

A. Kransmann
Unterschrift Polizei

Sabine Quandt: SoKo Struppi – Die Lesepolizei ermittelt
© Persen Verlag

Polizeikommissariat

Polizeiliche Ermittlungsakte

Notizzettel von Polizeikommissar A. Kransmann

- Mann
- angeblich von der Stadtreinigung
- kräftige Statur
- lange dunkle braune Haare
- Tätowierung rechter Unterarm: Seemannstätowierung
- Augen blau
- Zigarettenraucher

© Persen Verlag

Polizeikommissariat

Polizeiliche Ermittlungsakte

Notizzettel zur Überführung des Täters im Fall „Struppi“

1 **Nimm dir noch einmal die Akten der Tatverdächtigen vor. Lies sie dir genau durch.**

2 **Sammle alle wichtigen Hinweise zum Täter auf dem Notizzettel.**

3 **Kombiniere, welcher der Tatverdächtigen kann nur der Täter sein?!**

Sabine Quandt: SoKo Struppi – Die Lesepolizei ermittelt
© Persen Verlag

8. Stunde

Material

- AB 9 Abschlussbericht
- AB 10 Übersicht der Tatverdächtigen
- Schmierpapier für Notizen (linierte Zettel)
- evtl. Textmarker

Phase	Inhaltliche Schwerpunkte
Einstieg	*Hausaufgaben besprechen* ➔ Die Kinder tauschen sich zunächst in Kleingruppen über ihre Notizzettel aus und geben sich gegenseitig Hinweise. (Wurde an alle Tipps gedacht, die wichtig sind, um einen gelungenen Notizzettel zu schreiben?) ➔ Einige Kinder präsentieren ihr Ergebnis vor dem Plenum. *Stundentransparenz und Arbeitsauftrag* „Sie haben sich bereits Gedanken darüber gemacht, welcher der Tatverdächtigen der Täter sein könnte. In der heutigen Stunde ist es Ihre Aufgabe aufzuschreiben, wer Ihrer Meinung nach der Täter ist und warum." ➔ Anforderungen an den Polizeilichen Abschlussbericht der Lerngruppe anpassen: • Länge des Polizeiberichtes • zusammenhängender Text oder einzelne Sätze • Der Verdacht muss begründet werden. • Polizeiliches Schmierpapier für Notizen erlaubt? ➔ AB 9 austeilen ➔ evtl. als Hilfe AB 10 austeilen
Erarbeitung	➔ Die Kinder bearbeiten AB 9.
Präsentation	➔ Einige Kinder lesen ihre Abschlussberichte vor.
Abschluss	*Hausaufgabe* „Beenden Sie Ihren Abschlussbericht zur nächsten Stunde." *Ausblick* „In der nächsten Stunde werden wir den Fall endgültig aufklären. Zum Abschluss dieser Stunde möchte ich Sie noch einmal daran erinnern, über die erhaltenen Informationen zum Fall Stillschweigen zu bewahren."

© Persen Verlag

9. Stunde

Material

- AB 11 Polizeiliche Abschlussprüfung

Phase	Inhaltliche Schwerpunkte
Einstieg	*Stundentransparenz* „Heute werden wir zuerst Ihre Abschlussberichte hören. Wer ist der Täter? Wer hat Oma Annelieses Struppi entführt? Anschließend können Sie in der Polizeilichen Abschlussprüfung zeigen, was Sie während der Ermittlungen gelernt haben." *Hausaufgaben besprechen* ➔ Die Kinder lesen weitere Abschlussberichte vor. ➔ gemeinsam konkretisieren, wer als Täter nicht mehr in Frage kommt
	Arbeitsauftrag „Nun starten wir mit der Polizeilichen Abschlussprüfung. Sie haben während der Ermittlungen sehr viel über den Umgang mit Beweismitteln gelernt. Des Weiteren haben Sie erfahren, wie man wichtige Informationen aus Zeugenaussagen herausfindet und einen Polizeilichen Notizzettel schreibt. Zeigen Sie, was Sie gelernt haben. Folgen Sie genau den Aufgabenstellungen auf dem Arbeitsblatt." ➔ AB 11 austeilen
Erarbeitung	➔ Die Kinder bearbeiten AB 11. ➔ AB wieder einsammeln
Abschluss	*Ausblick* „Morgen werden Ihnen die Ergebnisse der Polizeiprüfung mitgeteilt. Alle Polizeikommissare, die die Prüfung bestanden haben, bekommen dann Ihre Polizeimarke überreicht. Außerdem erwarten wir eine Rückmeldung von Polizeidirektor Postmann. Wir werden klären, ob der Täter aufgrund Ihrer Abschlussberichte gefasst werden konnte."

10. Stunde

Material

- M 11 Brief 3
- M 12 Polizeimarken

Phase	Inhaltliche Schwerpunkte
Einstieg	*Stundentransparenz* „Heute erfahren wir, ob der Täter durch Ihre Polizeiarbeit gefasst werden konnte. Wir haben dazu einen Brief von Polizeidirektor Postmann erhalten." ➔ Brief 3 vorlesen ➔ evtl. Vermutungen zum Motiv anstellen
Abschluss	*Feierliche Übergabe der Polizeimarken an die Kommissare* ➔ Jedes Kind wird mit seinem Dienstgrad nach vorne gerufen und bekommt nach einem Applaus seine Polizeimarke überreicht. Hände schütteln zur Gratulation nicht vergessen! *Rückblick/Reflexion der Polizeiarbeit* ➔ Die Kinder äußern Ihre Gedanken zur Ermittlungsarbeit. ➔ Hier können Sie, wenn nötig, als Hilfe einen Satzanfang vorgeben: • Mir hat gut gefallen, dass … • Ich habe gelernt, dass …

Sabine Quandt: SoKo Struppi – Die Lesepolizei ermittelt
© Persen Verlag

Polizeikommissariat

An das Polizeikommissariat
Spezialeinheit Struppi

27.04.2012
Aktenzeichen: JA24122UX8

Sehr geehrte Spezialeinheit Struppi,

Ich bedanke mich recht herzlich für Ihre Mitarbeit im Fall „Struppi“, Aktenzeichen JA24122UX8. Ich kann heute den Erfolg der Ermittlungen melden. Der Täter konnte gefasst werden.
Nachdem Zeugenaussagen und Beweismittel zunächst auf Richard Rosental als Täter hinwiesen, nahm der Fall durch die Aussage der Zeugin Gundula Engelbert noch einmal eine Wendung.
Aufgrund der aktuellen Beweislage und der von Ihnen ermittelten Informationen zum Täter konnten wir heute Rolf Kaltmann als Straftäter festnehmen. Rolf Kaltmann hat die Straftat bereits gestanden und Hinweise zum Aufenthaltsort des Hundes gegeben. Informationen zum Tatmotiv liegen bislang noch nicht vor.

Ich bedanke mich für Ihren polizeilichen Einsatz und Ihre Verschwiegenheit in diesem Fall.

Mit freundlichen Grüßen

Leitender Polizeidirektor

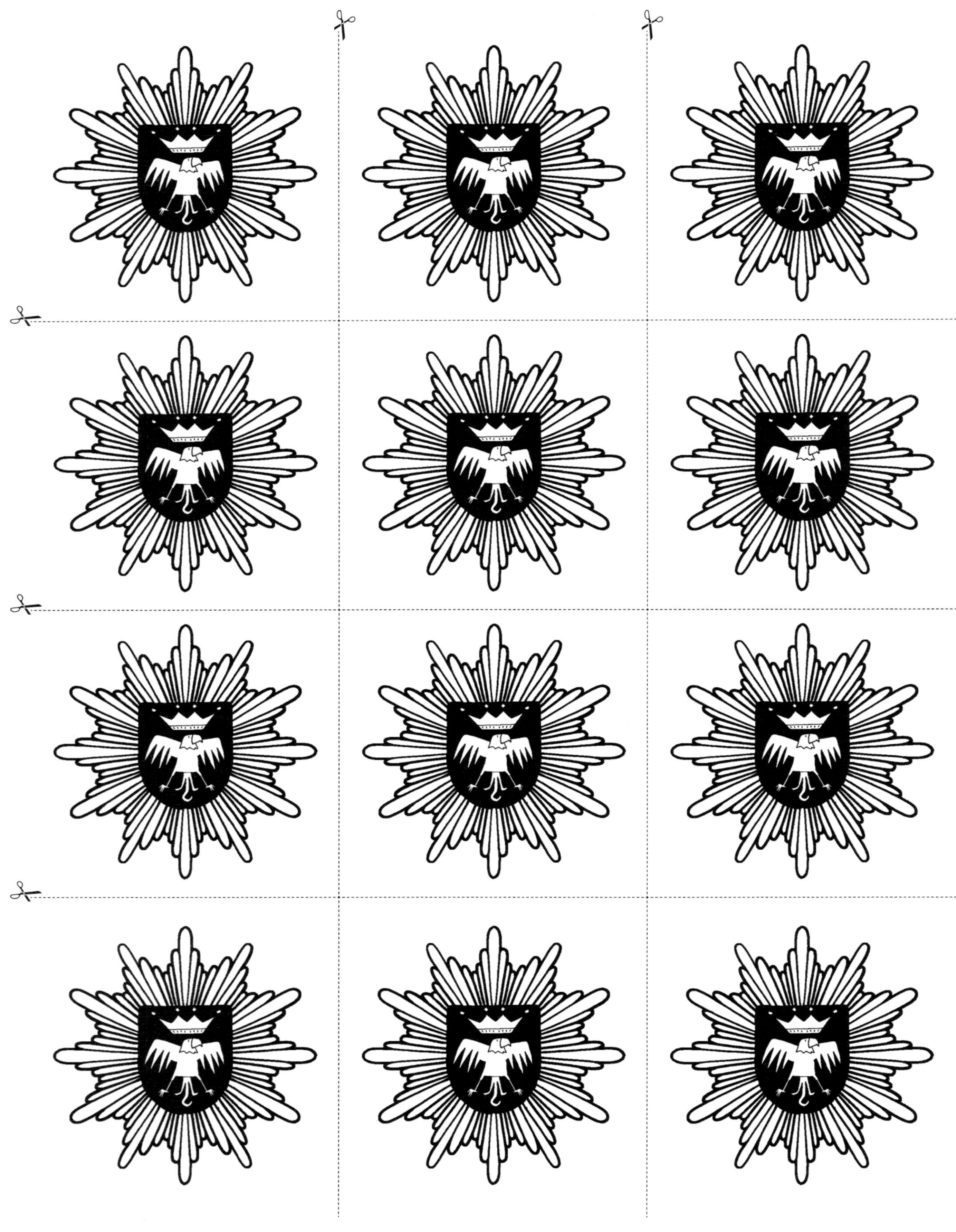

© Persen Verlag

Polizeikommissariat

Polizeiliche Ermittlungsakte

Abschlussbericht

Wer ist der Täter? Begründe, welcher der Tatverdächtigen aufgrund der Zeugenaussagen und Beweismittel der Täter ist.

© Persen Verlag

Polizeikommissariat

Übersicht der Tatverdächtigen

Richard Rosental

Der 36 Jahre alte Richard Rosental ist aufgrund eines Überfalls auf eine alte Dame polizeibekannt. Mittlerweile arbeitet er jedoch als Tätowierer. Letzte Woche hat er einer Frau eine Blume auf den Fuß tätowiert. Die Kundin hatte lange für diese Tätowierung gespart und sogar ihren Fernseher verkauft.
Richard Rosental trägt gelegentlich einen Vollbart. Dieser ist so dunkel wie seine langen dunklen Haare. Seine Leidenschaft sind Porzellanschweine, davon hat er eine ganze Menge zu Hause. Seine Frau findet das ziemlich albern. Sie sammelt keine Porzellanschweine.
Richard Rosental ist starker Raucher, auch darüber beschwert sich seine Frau jeden Tag.
Bei einer Größe von 1,73 m hat er eine kräftige Statur. Seine Frau kocht sehr gerne, dafür geht sie mittags immer auf dem Markt in der Kantstraße einkaufen. Danach trifft sich seine Frau mit ihren Freundinnen.
Richard Rosental hat keine blauen Augen wie das Wasser. Er hat auch keine grünen Augen wie das Gras. Richard Rosental hat braune Augen.

Gundbert Kaiser

Gundbert Kaiser ist 40 Jahre alt. Meerschweinchen werden keine 40 Jahre alt, Kaninchen und Hamster auch nicht. Gundbert Kaiser stört es nicht, dass er in diesem Alter bereits einige Falten hat. Er verändert oft sein Aussehen, da sein bester Freund von Beruf Frisör ist.
Gundbert Kaiser wurde bereits viermal wegen gemeinen Diebstahls verhaftet. Nach seiner letzten Haft arbeitet er nun als Rosenverkäufer in einer Gärtnerei. In der Gärtnerei gibt es nicht nur Blumen, sondern auch Blumenerde, eine Schubkarre, eine Hacke und viele andere wichtige Gartengeräte.
Gundbert Kaiser ist mit einer Größe von 1,70 m der kleinste Mitarbeiter in der Gärtnerei. Er raucht bei der Arbeit Zigaretten. Besonders auffallend ist seine große Nase, dafür hat er eine normale Figur. Um besser sehen zu können, trägt Gundbert Kaiser eine Brille. Heute tragen viele Menschen eine Brille. Seine Augen sind blau.

Veronica Renz

Veronica Renz ist 34 Jahre alt, sie lebt mit ihrer einzigen Tochter zusammen. Ihren letzten Geburtstag hat sie mit Freunden im Keller gefeiert, dabei gab es eine Menge zu Essen, zum Beispiel Kartoffelsalat mit Würstchen und Nudelsalat.
Veronica Renz arbeitet als Kassiererin in einem Supermarkt. Dort verkauft sie verschiedene Gemüsesorten, wie Brokkoli, Petersilie und Karotten. Die Karotten kommen vom Biobauernhof gleich um die Ecke und schmecken sehr lecker. Ihre langen schwarzen Haare trägt sie bei der Arbeit immer als Zopf. So stören die Haare nicht, wenn sie die schweren Kartons mit Bananen auspackt oder den Zucker in das Verkaufsregal einräumt.
Veronica Renz wurde bereits mehrfach wegen versuchten Diebstahls in einem Kaufhaus verhaftet. Sie hat grüne Augen und ein besonderes Kennzeichen ist ihre Narbe über dem rechten Auge. Das linke Auge sieht ganz normal aus.
Veronica Renz hat keine kräftige Statur. Man kann eher sagen, dass sie eine zierliche Statur hat.

Sabine Quandt: SoKo Struppi – Die Lesepolizei ermittelt
© Persen Verlag

Polizeikommissariat

Übersicht der Tatverdächtigen

Rolf Kaltmann

Rolf Kaltmann ist 33 Jahre alt und lebt alleine. Früher ist er als Matrose zur See gefahren. Die anderen Matrosen segeln noch heute über die Weltmeere von Panama nach Afrika, von Australien nach Amerika. Heute arbeitet Rolf Kaltmann in einer Reinigung.
Rolf Kaltmann wurde bereits dreimal wegen Raub verurteilt, er hat drei Tankstellen überfallen.
An vielen Tankstellen kann man nicht nur ein Auto betanken, sondern auch Schokolade oder Kaugummis kaufen.
Rolf Kaltmann raucht Zigaretten, das konnte er sich nie richtig abgewöhnen. Bei einer Größe von 1,67 m hat er eine kräftige Statur. Sein besonderes Kennzeichen ist ein großes Muttermal auf dem linken Unterschenkel. Manche Menschen können links und rechts nicht auseinanderhalten, besonders beim Autofahren fällt es ihnen schwer. Rolf Kaltmann trägt lange dunkle Haare. Er war schon lange nicht beim Frisör. Der nächste Frisör ist eigentlich nur zwei Straßen weiter. Rolf Kaltmann hat blaue Augen und trägt keine Brille. Eine Brille muss man nur tragen, wenn man nicht so gut sehen kann.

Manfred Hattenichts

Manfred Hattenichts ist arbeitslos, gelegentlich arbeitet er aber in einer Tierhandlung. Hier kann man nicht nur Tiere, sondern auch Tierfutter oder einen Käfig für ein Meerschweinchen kaufen.
Manfred Hattenichts ist 35 Jahre alt. Er hat eine Familie mit vier Kindern.
Seine dunklen Haare trägt er mal kurz und mal lang.
Mehrfach wurde Manfred Hattenichts wegen zu schnellen Fahrens von der Polizei verhaftet.
Ein versuchter Diebstahl konnte ihm von der Polizei nicht nachgewiesen werden.
Bei einem Unfall hat Manfred Hattenichts seinen rechten Ringfinger verloren.
Manfred Hattenichts ist Nichtraucher. Wenn man nicht raucht, tut man seiner Gesundheit etwas Gutes und spart viel Geld.
Manfred Hattenichts trägt einen Oberlippenbart. Über den Bart beschwert sich seine Frau schon seit Jahren. Manfred Hattenichts ist 1,70 m groß. Es gibt viele Menschen, die größer sind als er, aber auch viele, die kleiner sind. Er hat braune Augen.

Robert Steinimweg

Robert Steinimweg ist 35 Jahre alt. Er arbeitet als Maurer. In diesem Beruf hilft man, Häuser zu bauen, dafür muss man schwere Steine tragen oder Schubkarren mit Sand schieben.
Seit letztem Sommer ist Robert Steinimweg verheiratet. Im Sommer fahren viele Leute in den Urlaub ans Meer oder verbringen ihre Freizeit im Garten.
Robert Steinimweg ist 1,85 m groß. Beim Einkaufen muss er sich nicht auf die Zehenspitzen stellen, um an die oberen Regale zu kommen. Andere Kunden im Supermarkt fragen dann nach einer Leiter. Robert Steinimweg trägt kurze blonde Haare und ist schlank.
Da er nicht so gut sehen kann wie seine Tante Henriette und sein Onkel Karl Heinz, trägt er eine Brille. Seine strahlend grünen Augen fallen durch die Brille noch mehr auf.
Robert Steinimweg raucht. Er raucht jedoch keine Zigaretten, sondern Zigarren. Bei der Polizei ist er durch seine zahlreichen Einbrüche bekannt.

© Persen Verlag

Polizeikommissariat

Polizeiliche Abschlussprüfung

Name: ______________________ Dienstgrad: ______________________

Beantworten Sie die folgenden Fragen im ganzen Satz.

Welche Dienstgrade gibt es in Ihrem Kommissariat?

____

____

____

Wie verhalten Sie sich, wenn es um geheime Polizeiinformationen geht?

____

____

____

Was ist im Umgang mit Beweismitteln wichtig?

____

____

____

Sabine Quandt: SoKo Struppi – Die Lesepolizei ermittelt
© Persen Verlag

Polizeikommissariat

Polizeiliche Abschlussprüfung

Was ist beim Markieren eines Textes wichtig?

Worauf muss man beim Schreiben eines Steckbriefes achten?

Wie schreibt man einen guten Notizzettel?

Unterschrift

© Persen Verlag

Polizeikommissariat

Spezialeinheit Struppi

Der Fall

Täterprofile

Zeugenaussagen

Letzte Vernehmungen

Wir klären den Fall auf!

Sabine Quandt: SoKo Struppi – Die Lesepolizei ermittelt
© Persen Verlag

Polizeikommissariat
Spezialeinheit Struppi

Polizeipräsident

Polizeihauptkommissar

© Persen Verlag

Polizeikommissare

Beweismittel

Polizeiliche Ermittlungstaktiken

© Persen Verlag

Der Fall

Stand der Ermittlungen

Tatverdächtige

© Persen Verlag

Konferenzecke

Sabine Quandt: SoKo Struppi – Die Lesepolizei ermittelt
© Persen Verlag

Polizeikommissariat

Spezialeinheit Struppi

Polizeiliche Ermittlungsakte

Polizeikommissariat

Spezialeinheit Struppi

Polizeiliche Ermittlungsakte

Polizeikommissariat

Spezialeinheit Struppi

Polizeiliche Ermittlungsakte

© Persen Verlag

An das

Polizeikommissariat

Spezialeinheit Struppi

Streng vertraulich!

An das

Polizeikommissariat

Spezialeinheit Struppi

Streng vertraulich!

An das

Polizeikommissariat

Spezialeinheit Struppi

Streng vertraulich!

An das

Polizeikommissariat

Spezialeinheit Struppi

Streng vertraulich!

Sabine Quandt: SoKo Struppi – Die Lesepolizei ermittelt
© Persen Verlag

Ich habe heute gelernt …

© Persen Verlag

Polizeikommissariat

Polizeiliches Ausbildungstagebuch

Datum	

Sabine Quandt: SoKo Struppi – Die Lesepolizei ermittelt
© Persen Verlag

Polizeikommissariat

Polizeiliche Ermittlungsakte

Übertrage die Tipps zur Ermittlungstaktik in deine Akte. Präge sie dir gut ein.

Polizeiliche Ermittlungstaktik:

© Persen Verlag

Lösung AB 1a

Polizeikommissariat

Polizeiliche Ermittlungsakte

Schreibe alle Informationen über den Fall auf, die du dir gemerkt hast.

Der Fall

Wie heißt der vermisste Hund?

Struppi

Wie heißt die Besitzerin des Hundes?

Anneliese Fröse (Oma)

Wann ist der Hund verschwunden?

Sonntagmorgen, gegen 8.00 Uhr

Wo ist der Hund verschwunden?

Im Park

Erste Hinweise auf eine Entführung und den Täter:

- Struppi ist noch nie zuvor weggelaufen, sehr gut erzogen
- Montagabend gegen 17.00 Uhr Hundehalsband und Erpresserbrief auf der Fußmatte vor der Haustür
- Erpresserbrief: ich habe ihren hund! r4

Weitere Notizen:

Sabine Quandt: SoKo Struppi – Die Lesepolizei ermittelt
© Persen Verlag

Polizeikommissariat

Polizeiliche Ermittlungsakte

Polizeiliche Ermittlungstaktik:
Einen Text markieren

1 **Lies den Text genau durch und markiere die wichtigen Informationen über den Tatverdächtigen.**

2 **Fertige einen Steckbrief über den Tatverdächtigen an.**

Der 36 Jahre alte Richard Rosental ist aufgrund eines Überfalls auf eine alte Dame polizeibekannt.
Mittlerweile arbeitet er jedoch als Tätowierer. Letzte Woche hat er einer Frau eine Blume auf den Fuß tätowiert. Die Kundin hatte lange für diese Tätowierung gespart und sogar ihren Fernseher verkauft.
Richard Rosental trägt gelegentlich einen Vollbart. Dieser ist so dunkel wie seine langen dunklen Haare.
Seine Leidenschaft sind Porzellanschweine, davon hat er eine ganze Menge zu Hause.
Seine Frau findet das ziemlich albern. Sie sammelt keine Porzellanschweine.
Richard Rosental ist starker Raucher, auch darüber beschwert sich seine Frau jeden Tag.
Bei einer Größe von 1,73 m hat er eine kräftige Statur. Seine Frau kocht sehr gerne, dafür geht sie mittags immer auf dem Markt in der Kantstraße einkaufen. Danach trifft sich seine Frau mit ihren Freundinnen.
Richard Rosental hat keine blauen Augen wie das Wasser. Er hat auch keine grünen Augen wie das Gras. Richard Rosental hat braune Augen.

Steckbrief des Tatverdächtigen

Name: Richard Rosental

Alter: 36 Jahre

Aussehen: trägt gelegentlich einen Vollbart (dunkel), lange dunkle Haare, kräftige Statur, braune Augen

Größe: 1,43 m

Besondere Kennzeichen: starker Raucher, sammelt Porzellanschweine

Beruf: Tätowierer

Vorstrafen: Überfall auf eine alte Dame

Familie: ?

© Persen Verlag

Polizeikommissariat

Polizeiliche Ermittlungsakte

Polizeiliche Ermittlungstaktik:

Einen Text markieren

1 **Lies den Text genau durch und markiere die wichtigen Informationen über den Tatverdächtigen.**

2 **Fertige einen Steckbrief über den Tatverdächtigen an.**

Gundbert Kaiser ist 40 Jahre alt. Meerschweinchen werden keine 40 Jahre alt, Kaninchen und Hamster auch nicht. Gundbert Kaiser stört es nicht, dass er in diesem Alter bereits einige Falten hat. Er verändert oft sein Aussehen, da sein bester Freund von Beruf Frisör ist.
Gundbert Kaiser wurde bereits viermal wegen gemeinen Diebstahls verhaftet.
Nach seiner letzten Haft arbeitet er nun als Rosenverkäufer in einer Gärtnerei. In der Gärtnerei gibt es nicht nur Blumen, sondern auch Blumenerde, eine Schubkarre, eine Hacke und viele andere wichtige Gartengeräte.
Gundbert Kaiser ist mit einer Größe von 1,70 m der kleinste Mitarbeiter in der Gärtnerei.
Er raucht bei der Arbeit Zigaretten.
Besonders auffallend ist seine große Nase, dafür hat er eine normale Figur.
Um besser sehen zu können, trägt Gundbert Kaiser eine Brille. Heute tragen viele Menschen eine Brille. Seine Augen sind blau.

Steckbrief des Tatverdächtigen

Name: Gundbert Kaiser

Alter: 40 Jahre

Aussehen: auffallend große Nase, normale Figur, verändert oft sein Äußeres (Freund ist Frisör), blaue Augen, Brille

Größe: 1,70 m

Besondere Kennzeichen: auffallend große Nase, Zigarrettenraucher

Beruf: arbeitet nach seiner Haft als Rosenverkäufer in einer Gärtnerei

Vorstrafen: bereits viermal wegen gemeinen Diebstahls verhaftet

Familie: ?

© Persen Verlag

Polizeikommissariat

Polizeiliche Ermittlungsakte

Polizeiliche Ermittlungstaktik:
Einen Text markieren

1 **Lies den Text genau durch und markiere die wichtigen Informationen über den Tatverdächtigen.**

2 **Fertige einen Steckbrief über den Tatverdächtigen an.**

Rolf Kaltmann ist 33 Jahre alt und lebt alleine. Früher ist er als Matrose zur See gefahren. Die anderen Matrosen segeln noch heute über die Weltmeere von Panama nach Afrika, von Australien nach Amerika. Heute arbeitet Rolf Kaltmann in einer Reinigung.
Rolf Kaltmann wurde bereits dreimal wegen Raub verurteilt, er hat drei Tankstellen überfallen. An vielen Tankstellen kann man nicht nur ein Auto betanken, sondern auch Schokolade oder Kaugummis kaufen.
Rolf Kaltmann raucht Zigaretten, das konnte er sich nie richtig abgewöhnen.
Bei einer Größe von 1,67 m hat er eine kräftige Statur. Sein besonderes Kennzeichen ist ein großes Muttermal auf dem linken Unterschenkel. Manche Menschen können links und rechts nicht auseinanderhalten, besonders beim Autofahren fällt es ihnen schwer. Rolf Kaltmann trägt lange dunkle Haare. Er war schon lange nicht beim Frisör. Der nächste Frisör ist eigentlich nur zwei Straßen weiter. Rolf Kaltmann hat blaue Augen und trägt keine Brille. Eine Brille muss man nur tragen, wenn man nicht so gut sehen kann.

Steckbrief des Tatverdächtigen

Name: Rolf Kaltmann

Alter: 33 Jahre

Aussehen: lange dunkle Haare, blaue Augen, kräftige Statur, großes Muttermal auf dem linken Unterschenkel

Größe: 1,67 m

Besondere Kennzeichen: großes Muttermal auf dem linken Unterschenkel, raucht Zigaretten

Beruf: ist früher als Matrose zur See gefahren, arbeitet jetzt in einer Reinigung

Vorstrafen: wurde in drei Fällen wegen gemeinen Raubes verurteilt, hat Tankstellen überfallen

Familie: lebt allein

Polizeikommissariat

Polizeiliche Ermittlungsakte

Polizeiliche Ermittlungstaktik:
Einen Text markieren

1 **Lies den Text genau durch und markiere die wichtigen Informationen über den Tatverdächtigen.**

2 **Fertige einen Steckbrief über den Tatverdächtigen an.**

Manfred Hattenichts ist arbeitslos, gelegentlich arbeitet er aber in einer Tierhandlung. Hier kann man nicht nur Tiere, sondern auch Tierfutter oder einen Käfig für ein Meerschweinchen kaufen.
Manfred Hattenichts ist 35 Jahre alt. Er hat eine Familie mit vier Kindern.
Seine dunklen Haare trägt er mal kurz und mal lang.
Mehrfach wurde Manfred Hattenichts wegen zu schnellen Fahrens von der Polizei verhaftet.
Ein versuchter Diebstahl konnte ihm von der Polizei nicht nachgewiesen werden.
Bei einem Unfall hat Manfred Hattenichts seinen rechten Ringfinger verloren.
Manfred Hattenichts ist Nichtraucher. Wenn man nicht raucht, tut man seiner Gesundheit etwas Gutes und spart viel Geld.
Manfred Hattenichts trägt einen Oberlippenbart. Über den Bart beschwert sich seine Frau schon seit Jahren. Manfred Hattenichts ist 1,70 m groß. Es gibt viele Menschen, die größer sind als er, aber auch viele, die kleiner sind. Er hat braune Augen.

Steckbrief des Tatverdächtigen

Name: Manfred Hattenichts

Alter: 35 Jahre

Aussehen: Oberlippenbart, dunkle Haare (mal kurz, mal lang), braune Augen, rechter Ringfinger fehlt

Größe: 1,70 m

Besondere Kennzeichen: rechter Ringfinger fehlt

Beruf: arbeitslos, arbeitet gelegentlich in einer Tierhandlung

Vorstrafen: polizeibekannt wegen mehrfach zu schnellen Fahrens, versuchter Diebstahl konnte ihm nicht nachgewiesen werden

Familie: Frau und vier Kinder

Sabine Quandt: SoKo Struppi – Die Lesepolizei ermittelt
© Persen Verlag

Polizeikommissariat

Polizeiliche Ermittlungsakte

Polizeiliche Ermittlungstaktik:
Einen Text markieren

1 **Lies den Text genau durch und markiere die wichtigen Informationen über den Tatverdächtigen.**

2 **Fertige einen Steckbrief über den Tatverdächtigen an.**

Robert Steinimweg ist 35 Jahre alt.
Er arbeitet als Maurer. In diesem Beruf hilft man, Häuser zu bauen, dafür muss man schwere Steine tragen oder Schubkarren mit Sand schieben.
Seit letztem Sommer ist Robert Steinimweg verheiratet. Im Sommer fahren viele Leute in den Urlaub ans Meer oder verbringen ihre Freizeit im Garten.
Robert Steinimweg ist 1,85 m groß. Beim Einkaufen muss er sich nicht auf die Zehenspitzen stellen, um an die oberen Regale zu kommen. Andere Kunden im Supermarkt fragen dann nach einer Leiter. Robert Steinimweg trägt kurze blonde Haare und ist schlank. Da er nicht so gut sehen kann wie seine Tante Henriette und sein Onkel Karl Heinz, trägt er eine Brille. Seine strahlend grünen Augen fallen durch die Brille noch mehr auf.
Robert Steinimweg raucht. Er raucht jedoch keine Zigaretten, sondern Zigarren.
Bei der Polizei ist er durch seine zahlreichen Einbrüche bekannt.

Steckbrief des Tatverdächtigen

Name: Robert Steinimweg

Alter: 35 Jahre

Aussehen: kurze blonde Haare, schlank, grüne Augen, Brille

Größe: 1,85 m

Besondere Kennzeichen: Brille, raucht Zigarren

Beruf: Maurer

Vorstrafen: zahlreiche Einbrüche

Familie: verheiratet

© Persen Verlag

Polizeikommissariat

Aktenzeichen: JA24122UX8
Aufgenommen von: Polizeikommissar H. Liecker

Datum: 20.04.2012
Uhrzeit: 14.23 Uhr

Zeugenaussage: Anneliese Fröse

Die genannte Person gab zu Protokoll:

„Ich bin immer noch ganz aufgeregt. Dieser Halunke, der meinen armen, kleinen Struppi geraubt hat. Heute Morgen wollte ich gerade für das Mittagessen einkaufen gehen, da habe ich wieder einen Zettel auf meiner Fußmatte gefunden und jemanden mit langen Haaren davonrennen sehen. Zuerst habe ich gedacht, es wäre eine Frau, aber aufgrund der kräftigen Statur bin ich mir sicher, dass es ein Mann mit langen Haaren war. Ich konnte ihn nicht genau erkennen, es war ja noch etwas dunkel. Mittags sollte es Hähnchen mit Kartoffeln und buntem Gemüse aus Paprika, Karotten, Weißkohl und Brokkoli geben. Auf dem Wochenmarkt in der Kantstraße gibt es immer die frischesten Zutaten, da gehe ich jede Woche einkaufen. Schließlich koche ich immer frisch, nichts aus der Dose. Auf jeden Fall war der Mann nicht allzu groß, ich schätze ihn auf 1,70 m. Ich weiß das so genau, weil mein Ehemann nur ein bisschen größer war. Aber Harald mein Ehemann ist ja nun schon zehn Jahre tot. Das war wirklich keine leichte Zeit für mich.
Hätte ich nicht noch einmal genau hingeschaut, hätte ich gemeint, der Täter hätte genauso schwarze Haare wie mein Sohn, aber die Haarfarbe des Diebes war dunkelbraun, ich bin mir sicher.
Als er wegrannte, ließ er seine Zigarette fallen. Er raucht. Über diese Raucher rege ich mich ja schon mein ganzes Leben auf. Egal, wo man hingeht, überall verpesten sie die Luft mit ihrem Rauch. Da kann man ja nur krank werden. Ein Graus ist das. Dann erinnere ich mich noch daran, dass der Täter am rechten Unterarm eine Tätowierung hatte. Ich konnte nicht genau erkennen, was es ist, vielleicht ein Schwein oder ein Schiff. Naja, ich kenne mich damit ja auch nicht aus. Mein Sohn sagt immer: ‚Mutter, davon verstehst du nichts.' Und da hat er ausnahmsweise mal Recht. Mein Sohn muss immer Recht haben, das stört mich meistens, aber in diesem Fall ausnahmsweise nicht.
Der Täter war etwas jünger als mein Sohn, also ungefähr 35 Jahre alt, schätze ich. In dem Alter hat sich mein Sohn immer beschwert, dass er Falten und graue Haare bekommt, daran kann ich mich noch sehr gut erinnern.
In dieser Zeit hat sich mein Sohn auch einen Bart wachsen lassen. Wenn Sie mich fragen, passte das gar nicht zu ihm. Ich frage mich noch heute, wie er auf die Idee gekommen ist. Der Dieb hatte auch einen Bart. So gut sind meine Augen noch, dass ich sehe, wenn ein Mann einen Bart trägt.
Viel genauer kann ich den Täter leider nicht beschreiben, schließlich war es dunkel."

A. Fröse
Unterschrift Zeuge

H. Liecker
Unterschrift Polizei

Sabine Quandt: SoKo Struppi – Die Lesepolizei ermittelt
© Persen Verlag

Profile der Tatverdächtigen auf einen Blick

Veronica Renz
- 34 Jahre
- lange schwarze Haare
- zierliche Statur
- grüne Augen
- Narbe über dem rechten Auge
- arbeitet als Kassiererin in einem Supermarkt
- mehrfach verhaftet wegen versuchten Diebstahls in einem Kaufhaus
- eine Tochter

Richard Rosenthal
- 36 Jahre
- trägt gelegentlich einen Vollbart
- lange dunkle Haare
- kräftige Statur
- braune Augen
- 1,73 m
- sammelt Porzellanschweine
- starker Raucher
- heute von Beruf Tätowierer
- Überfall auf eine alte Dame

Gundbert Kaiser
- 40 Jahre
- auffallend große Nase
- normale Figur
- Brille
- blaue Augen
- 1,70 m
- verändert oft sein Äußeres
- Zigarettenraucher
- arbeitet nach seiner Haft als Rosenverkäufer in einer Gärtnerei
- bereits viermal wegen gemeinen Diebstahls verhaftet

Rolf Kaltmann
- 33 Jahre
- lange dunkle Haare
- kräftige Statur
- blaue Augen
- 1,67 m
- großes Muttermal auf dem linken Unterschenkel
- Zigarettenraucher
- ist früher als Matrose zur See gefahren
- arbeitet heute in einer Reinigung
- wurde in drei Fällen wegen gemeinen Raubes verurteilt, Tankstellen überfallen

Manfred Hattenichts
- 35 Jahre
- Oberlippenbart
- dunkle Haare, mal kurz, mal lang
- braune Augen
- 1,70 m
- hat bei einem Unfall seinen rechten Ringfinger verloren
- Nichtraucher
- arbeitslos
- jobbt gelegentlich in einer Tierhandlung
- polizeibekannt wegen mehrfach zu schnellen Fahrens, versuchter Diebstahl konnte ihm nicht nachgewiesen werden
- Frau und vier Kinder

Robert Steinimweg
- 35 Jahre
- kurze blonde Haare
- schlank
- grüne Augen
- Brille
- 1,85 m
- raucht Zigarren
- arbeitet als Maurer
- zahlreiche Einbrüche

Täterprofil nach der 1. Zeugenaussage von Anneliese Fröse
- r4

Täterprofil nach der 2. Zeugenaussage von Anneliese Fröse
- Mann
- ca. 35 Jahre
- dunkle Haare
- kräftige Statur
- Bart
- ca. 1,70 m
- raucht Zigaretten
- Tätowierung am rechten Unterarm: Schwein oder Schiff

Täterprofil nach der Zeugenaussage von Gundula Engelbert
- Mann
- lange dunkle braune Haare
- kräftige Statur
- raucht Zigaretten
- Tätowierung am rechten Unterarm: Seemannstätowierung
- blaue Augen
- angeblich von der Stadtreinigung

© Persen Verlag

Bildquellenverzeichnis

S. 5, 6, 7: Polizeiwand, Tatverdächtige, Beweismittel © Sabine Quandt, Extertal;
S. 10: Hund „Struppi“ © Michael Rieke, Braunschweig;
Schülerarbeiten © Julius Bamberg, Berlin.

Alle Unterrichtsmaterialien

der Verlage Auer, PERSEN und scolix

jederzeit online verfügbar

lehrerbuero.de

Jetzt kostenlos testen!

lehrerbüro

Das **Online-Portal** für Unterricht und Schulalltag!